Edition Craftbeer-Classics

Verlag Frank-Daniel Schulten

Johann Georg Theodor Graesse

Biergeschichte, Bierbräuche und Biersagen

Vollständig überarbeitet
von Frank-Daniel Schulten

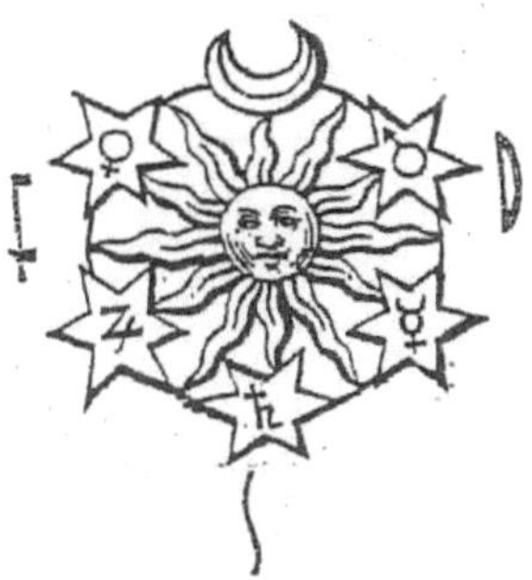

Edition Craftbeer-Classics
Verlag Frank-Daniel Schulten

Die Originalausgabe erschien 1874 (2. Auflage) im *Verlag R. von Zahn*, Dresden, unter dem Titel: „*Bierstudien. Ernst und Scherz; Geschichte des Bieres und seiner Verbreitung über den Erdball, Bierstatistik, Bieraberglauben, Bierfeste, Bierorden, Bierspiele, Bierlieder aller Zeiten und Völker, Biersprichwörter, Brauergeheimnisse*“. Die Vorlage stammt aus der Sammlung Daniel Hornfisher.

Lektorat, vollständige Überarbeitung des Ursprungstextes, Ergänzungen, zusätzliche Anmerkungen und Korrekturen: Frank-Daniel Schulten.

1. Auflage, September 2018.

Verlag Frank-Daniel Schulten, Iserlohn.
www.fulcanelli.de.
schulten-verlag@gmx.de
Druck: BoD GmbH, Norderstedt.

Umschlaggestaltung: Grete C. Söcker, Emden.
Coverphoto: Fotolia. © by Anastasia Karamova.

Printed in Germany.
ISBN 10: 3-932961-96-X.
ISBN 13: 9783932961960.

INHALT

Vorwort

Honni soit qui mal y pense! – „Ein Schuft, der Böses dabei denkt!“ Diese Devise des „Englischen Hosenbandordens“ rufe ich all denen zu, welche am Gegenstand oder am Titel des vorliegenden Buches Anstoß nehmen sollten. Das Bier und das Biertrinken haben ebensogut ihre Berechtigung, einen Geschichtsschreiber zu finden, wie der Wein. Aber während bis in die jüngste Vergangenheit jenes Getränk in zahlreichen Schriften abgehandelt wurde, ist es noch niemandem eingefallen, etwas Zusammenhängendes und Erschöpfendes über dessen „Rivalen“ zu schreiben, so dass mein Buch unter diesem Gesichtspunkt das erste ist, welches diese Lücke auszufüllen strebt, weil die „Beschreibung einer Bierreise“, die ein gewisser Doktor Knaust vor über dreihundert Jahren zu Nutz und Frommen seiner Mitmenschen in die Welt schickte, offenbar einen anderen Zweck hatte.

Da nichts unter der Sonne auf Vollkommenheit Anspruch erheben darf, so versteht es sich von selbst, dass auch meine „Studien“ keine, ihre Aufgabe völlig lösende Arbeit sein können, besonders, was den statistischen Teil anbetrifft[i], wo es mir trotz aller Bemühungen nicht gelang, nach allen Seiten hin befriedigende und vollständige Informationen zu erhalten.[ii] Trotzdem wird ein Leser meines Buches zugeben müssen, dass es in vielerlei Hinsicht Neues und Interessantes enthält. Dazu zähle ich besonders, was ich über die in Deutschland seit Menschengedenken getrunkenen Biersorten gesammelt habe, die Informationen über die Bierorden, den Biercomment (= ritualisierte Trinkgelage) und die Bierspiele auf den Universitäten, den Aberglauben, den man mit dem Bier und Brauen verknüpft hat. Darüber hinaus bieten auch die Kapitel, welche über die Erfindung des Bieres und seine Verbreitung über den Erdball handeln, manches, was vorher, wenn nicht unbekannt, zumindest aber kaum bekannt gewesen ist.

Bildet nun das Bier zweifellos seit Jahrhunderten ein wichtiges Moment in der deutschen Kulturgeschichte, so bitte ich, diesen vorliegenden Versuch, Bausteine zu einer später einmal erschöpfenden Geschichte dieses Getränkes zu liefern, nachsichtig aufzunehmen. Ich hoffe, wenn es mir geglückt ist, meinen Lesern durch die Art und Weise, wie ich meine „Studien" präsentiere, einige heitere Stunden gewährt zu haben, auf eine freundliche Beurteilung derselben. Der Kulturhistoriker, Philologe und Linguist wird darin ebenso wie der Techniker, Fachmann und Laie vieles für seinen Geschmack und seine Richtung Passende finden. Manche in dem Buch enthaltene Derbheit entschuldigen die Zeit und der Zweck, wo und für wen sie erdacht und ausgesprochen wurden. Einiges habe ich nur angedeutet, vieles ganz weggelassen. Alles ließ sich aber nicht entfernen, sollte nicht das Gepräge jener Zeit ganz verloren gehen.

Dresden, den 15. April 1872
Dr. Graesse

Motto:
„Wie man bei Bier und Tabak über besiegt sich hebt."
Goethe

Erstes Kapitel
Das Bier im Altertum

Von Gerstensaft und Wein haben viele Autoren seit der Erfindung des Alphabets geschrieben und gesungen. Homer, der „Vater der Dichter", ist sogar wegen des allzu großen Lobes, welches er dem Wein spendete, für einen Weinsäufer gehalten worden, wie ein alter deutscher Vers belegt:

Homerus lobt den Wein gar sehr,
Ein Säufer ist geacht daher.
(Laudibus arguitur vini vinosus Homerus.)

Über das Bier hat zuerst in lateinischer Sprache Johannes Placotomus[iii] geschrieben. Der erste Autor in deutscher Prosa, der sich des Themas annahm, war ein gewisser Dr. Heinrich Knaust[iv], ein Kaiserlicher Gekrönter Poet und beider Rechte Doktor zu Erfurt. Aber seit dem Jahre 1575, in dem sein Buch erschienen ist, hat sich niemand mehr die Mühe gemacht, etwas Genaueres über die Geschichte dieses ur-deutschen Getränks zu schreiben. Bereits in der Mitte des 16. Jahrhunderts (1555) hatte der schwedische Geschichtsschreiber Olaus Magnus behauptet, es gebe in der ganzen Welt mehr Bier- als Weintrinker[v]. Heute, wo die Herrschaft des Gambrinus fast über den ganzen Erdball verbreitet ist, so wird es uns gewiss jeder danken, wenn wir das, was wir über die Erfindung dieses herrlichen Getränkes und seinen Siegeszug über den Erdkreis gesammelt und in Erfahrung gebracht haben, hier zum Nutzen aller Freunde des edlen Gerstensaftes veröffentlichen.

Wie es nun aber gekommen ist, dass dieses köstliche Getränk den armen Erdenpilgern von der Vorsehung geschenkt wurde, darüber lässt sich besagter Heinrich Knaust in seiner einfachen, gemütlichen Redeweise folgendermaßen aus:

„Nachdem die Natur des Menschen also von Gott geschaffen ist, dass wir neben dem Essen auch trinken müssen, hat Gott, der gütige und barmherzige Vater, den ersten Menschen der Welt den Wassertrunk aus den Quellen und Wasserbrunnen der Erde verordnet. So ist solches noch heutiges Tages[vi] bei den armen Leuten in Franken, am Rheinstrom und in den Landen, wo es kein Bier, sondern nur eitel Wein zu trinken gibt, das beste Getränk, weil sie den Wein nicht bezahlen können.

Damit haben sich die Leute vor der Sintflut, neben gutem Kraut und Gemüse, so guter Ding und fröhlich gemacht, dass es nicht unbillig zu verwundern ist, dass dies nur von Wasser und Kraut allein hatte geschehen können. Und es ist doch wohl noch mehr zu verwundern, dass sie zuletzt so frech und übermütig dabei geworden sind, dass Gott sprach: „Poenitet me fecisse hominem" („Mich gereuet, das ich den Menschen gemacht habe!"). Denn sie schlugen einander tot, richteten allerlei Unlust an, und trieben manche Büberei und Unzucht, bis Gott die ganze Welt mit Wasser verderbt hat und zugrunde gehen ließ.

Nach der Sintflut aber wandte Gott sein gnädiges Angesicht wieder zu den Menschen und erquickte sie mit guter Speise der Fische im Meer und Wasser, der Vögel in den Lüften und auf der Erde, auch der vierfüßigen Tiere in den Wäldern und Feldern. Ließ ihnen dazu Korn auf dem Acker, davon sie Brot zu backen hatten, und gute Weinreben erwachsen, welches alles sie durch sonderliche dazu gehörende Künste, deren Gott der Meister und Eingeber war, dahin arbeiteten, dass gutes Brotkorn und Wein davon kommen sollten, damit die Leute dazumal, nach der Sintflut, gutes Essen und guten Trunk hatten, damit sie sich laben mochten. Und damit das menschliche Geschlecht also wieder wachsen, zu Kräften kommen und stark werden sollte, welches zuvor durch die Sintflut gar geschwächt und gekränkt war. Doch hernach, als der Leute viele wurden, also dass sie sich in die Lande hin und her aufteilen mussten, hat es gleichwohl nicht an allen Orten des ganzen Erdkreises Weinwuchs gehabt. Gott der Allmächtige aber hat die Leute in den Öden, wo kein Wein erwuchs, dennoch nicht vergessen. Er hat sie anstatt der Weinreben und des Weins mit einer anderen Gabe gesegnet, so dass sie es nach der Sintflut auch etwas besser haben sollten, als es ihre Väter vor der Sintflut gehabt hatten. Also hat er sie gelehrt, aus Weizen und Gersten einen Trank zu machen, der gesund und lieblich zu trinken war, davon die Natur des Menschen nicht weniger zunehmen, gestärkt und erhalten werden könnte, als eben vom Wein. Und es sind also beide, Wein und Bier, Gottes hohe und wunderbare Gaben, dem armen, gebrechlichen menschlichen Geschlecht zu Gute, von Gott dem Herrn aus Gnaden mitgeteilt und gegeben worden."

Ist nun also auch nach Knausts Ansicht das erste Bier erst nach der Sintflut getrunken worden, demnach jünger als der Weinbau, so wird dennoch seine Erfindung sehr weit ins graue Altertum hineinreichen. Der griechische Geschichtsschreiber Diodorus von Sizilien nennt nämlich als denjenigen, welcher den Ägyptern die Bierbraukunst brachte, ihren Gott bzw. König Osiris[vii], welcher es im Jahre 2017 v. Chr. zuerst in der Stadt Pelusium braute. Mit ihm stimmen Herodod[viii] und Plinius[ix] überein. Freilich hat es später auch noch manche Gelehrte gegeben, welche den Genuss des Bieres als schädlich erachteten und es als Getränk ausmerzen wollten, wie der berühmte Arzt J. G. Zimmermann, ein Freund Friedrichs des Großen. In seinem früher sehr bekannten Buch *„Von der Erfahrung in der Arzneikunst"*[x] erzählt er als warnendes Beispiel für Biertrinker den plötzlichen Tod eines Marquis in Paris durch Schlaganfall nach dem Trinken von nicht ganz ausgegorenem Bier. Aber dieser Fall steht nur vereinzelt da und war die Folge von Unmäßigkeit. Dafür haben wir aber viele medizinische Autoritäten, welche ganz anders urteilen, auf unserer Seite, und die letzte Schmähschrift gegen das Bier, von Flürings *„Bier ist Gift"*[xi], ist war wohl nicht ernst gemeint, sondern vermutlich nur eine Satire und Verkaufssstrategie der Buchhändler.

Auch der Dramatiker Aeschylus kannte dieses ägyptische Getränk[xii], und der alte Historiker Hecatäus beschreibt sogar das Verfahren der Ägypter beim Bierbrauen[xiii]. Homer dagegen war es unbekannt, denn wenn er auch in der Ilias[xiv] erzählt, Nestor und Machaon hätten sich zur Auffrischung ihrer erschöpften Kräfte eines Tranks aus Mehl, Wasser und zerstoßenen Kräutern bedient, so hatte seiner Schilderung nach jedoch dieses Getränk keine Ähnlichkeit mit unserem Bier. Übrigens brauten die Ägypter nach dem Bericht des Diodor zweierlei Arten von Bier, ein starkes, das sie „Zythos" nannten und ein schwaches, das „Curmi" hieß. Ersteres scheint Ingwer enthalten zu haben, denn wenn es, wie Diodor berichtet, an Geruch dem Wein geähnelt hat, so muss es eine Art Gewürzbier gewesen sein. Die zweite Sorte war nach der Ansicht des Arztes Dioscorides[xv] noch weinähnlicher gewesen, und einer Textstelle bei Plutarch zufolge besaß das „Zythos" sogar die Kraft, Elfenbein zu erweichen. Hopfen setzten die Ägypter wohl erst viel später zu, um es bitter zu machen[xvi].

Bei den alten Spaniern wurde diese Art Bier für das gewöhnliche Volk aus Weizen, für die Vornehmen aber ein besseres aus Honig gebraut. Die im Mittelalter in Ägypten wohnenden Araber scheinen beide Biersorten beibehalten zu haben. Das, was früher „Zythos" hieß, nannten sie nun „Fokka", und „Curmi" übersetzten sie mit „mazar", wie wir später noch sehen werden. Als der Ort aber, wo im alten Ägypten das beste Bier gebraut wurde, wird stets die Stadt Pelusium genannt[xvii].

Übrigens hat sich die Kunst, Bier zu brauen, bis auf den heutigen Tag (1874) in Ägypten erhalten. Man braut dort noch immer eine Art Bier, das „Busa" („Booza") heißt, aber es ist schlecht[xviii]. Denselben Namen führte später das Tartarische Bier, welches aus Hirse gebraut wurde. Von den Ägyptern lernten die Äthiopier die Kunst, Bier zu brauen, welches sie aus Hirse und Gerste auf verschiedene Weise herstellten, und wahrscheinlich auch die Juden, welche unter ihrem berauschenden Getränk „Sechar" (lateinisch: Sicera) ebenfalls ein Gebräu aus Getreide oder Obst verstanden[xix].

Ebenso scheinen die Griechen ihre Kenntnis von diesem Trank aus Gerste, welchen man „Gerstenwein" nannte, wie Diodor schreibt[xx], von den Ägyptern erlangt zu haben. Es gibt bei ihnen verschiedene Bezeichnungen dafür. Erstlich nennen sie es „Zythos" wie die Ägypter[xxi], dann „Kurmi" oder „Korma"[xxii], und schließlich „Bryton"[xxiii] oder „Pinos"[xxiv]. Doppelbier kannten sie wohl auch, es hieß vielleicht „Dizythos".

Von den Griechen scheint dann die Bekanntschaft mit diesem Getränk nach Spanien[xxv] gelangt zu sein, dann zu den Päoniern und Pannoniern. Bei den Ersteren trug es den Namen „Parybia“[xxvi], bei den Letzteren „Sabaia“[xxvii]. Zu den Galliern[xxviii] drang der Gebrauch des Bieres auch vor, wahrscheinlich über Massilia, indes lobt der Kaiser Julian dieses Getränk nicht. Er sagt, der Gerstensaft der Gallier sei nicht der wahre Sohn Jupiters, denn der Wein rieche nach Nektar, das Bier aber stinke wie ein Bock[xxix]. Aus einigen Stellen bei Plinius[xxx] und Isidorus[xxxi] geht hervor, dass sie ihr Bier aus eingeweichter Gerste herstellten.

Das Malz hieß bei den Galliern „Brace“ (nicht Branse), wie Plinius[xxxii] berichtet, und daraus entstand dann das französische Wort „brasser“ = „brauen“, „brasseur“ = „Brauer“ und „brasserie“ = „Brauerei“, wahrscheinlich auch unser deutsches „brauen“. Hopfen hat man jedoch im Altertum sicher nicht zum Bier verwendet, sondern er wird erst im Mittelalter erwähnt (siehe das folgende Kapitel).

Bei den alten Spaniern hieß das Getränk „Ceria“[xxxiii], wahrscheinlich von Ceres, der Göttin des Getreides und der Erdfrüchte, oder „Calia“, von „calor“ = „die Wärme[xxxiv]. Sicher hängt hiermit der lateinische Ausdruck für dasselbe Getränk zusammen, „cerevisia“[xxxv], was einige Etymologen mit „Cereris vis“, d. h. „Kraft der Ceres“, erklären. Andere wollen das Wort weit hergeholt ableiten aus „Cerebibia“, von „Ceres“ = „Getreide“ und „bibere“ = „trinken“.

Die Römer kannten dieses Getränk nämlich auch[xxxvi], denn der Dichter Ovid schreibt in seinen *„Verwandlungen“*[xxxvii] , ein altes Weib habe der Göttin Ceres einen aus gerösteter Gerste gekochten Trank überreicht, der süß geschmeckt habe.

Der Dichter Virgilius deutet in einer Stelle seines Gedichtes vom Landbau ebenfalls darauf hin[xxxviii], und zweifelsohne meint Tacitus in seiner Schilderung Deutschlands[xxxix] nichts anderes, wenn er sagt, die alten Deutschen hätten ein Getränk aus Gerste oder Weizen, welches dem Wein ähnele. Ob indessen jene Getränke, welche bei den späteren Römern die Namen „dodra“[xl] „cinnus“[xli] oder „camum“[xlii] führten, etwas mit unserem Bier Ähnliches bezeichneten, darüber ist nichts Sicheres zu ermitteln. Wohl aber existiert von einem griechischen Alchemisten aus ungewisser Zeit, nämlich von Zosimus aus Panopolis (in Ägypten), noch eine kleine, leider bloß in Bruchstücken erhaltene Abhandlung über die Bereitung der Biere[xliii], aus welcher der heutige Braumeister allerdings nicht viel lernen wird.

Zweites Kapitel

Das Bier im Mittelalter in Nord- und Südeuropa

Seit Beginn des Mittelalters fand das Bier, besonders im Norden Europas, sehr große Verbreitung. Der Biograph des Heiligen Columban, der Schotte Jonas, schreibt, dass Gallien, Britannien, Schottland, Irland und Deutschland jene Länder waren, wo es als tägliches Getränk diente[xliv]. Der freilich nicht immer allzu wahrheitsliebende Saxo Grammaticus[xlv] erzählt sogar, es sei einst im Norden eine Hungersnot ausgebrochen, weil die Trunksucht der Einwohner dazu geführt hatte, dass sie alles vorhandene Getreide zum Bierbrauen verbraucht hatten. Damit dies nicht wieder geschehen könne, musste ein Verbot des Bierbrauens seitens des Königs ergehen.

In einer großen Bierkufe opferten die alten Sueben (ein germanischer Volksstamm) dem Wotan, und jeder deutsche Krieger hoffte, bei seiner Ankunft in Walhalla dieses Getränk an Odins Tafel wiederzufinden[xlvi]. Die nordischen Götter beschäftigten sich persönlich mit dem Bierbrauen. Thors kühne Fahrt zum Riesen Hymir hatte den großen Bierkessel[xlvii] zum Ziel, um durch dessen Besitz stets einen Biervorrat zu haben. Aegir bewirtete bei seinen Festen seine Göttergäste mit Bier, und er heißt deswegen „Öl- (= Bier)-Brauer“ („ölsmidr“). Dies war gewiss auch der Grund, weshalb man in Deutschland einen legendären (nämlich den siebten) König der Tuisker und der Gemahl der Isis[xlviii] namens Gambrinus oder Gambrinius als den Erfinder des Biers betrachtet. Er war angeblich Sohn des deutschen Königs Marsus und der Gründer der Städte Cambray und Hamburg (nach ihm auf lateinisch „Gambrivium“ genannt). Man nannte ihn auch „Kempher“ oder „Cimber“ (davon ebgeleitet der Stamm der Cimbern) nach dem Bericht des Aventinus[xlix] in seinen *„Annales Bojorum“*, der ihn um 1730 vor Christi Geburt bzw. im Jahr 2234 nach der Erschaffung der Welt leben lässt[l].

Man hat diesen König, dessen Reich sich vom Rhein bis nach Asien erstreckte, auch bildlich dargestellt, und noch heute findet man sein Portrait in vielen Brauereien und Schankstuben Deutschlands und der Niederlande. Diese Bilder stellen ihn in der Tracht eines flämischen Ritters des Mittelalters dar, mit einer Königs- oder Herzogskrone geschmückt und in der Hand einen Becher voll schäumenden Bieres haltend. Oft (z. B. auf einem alten Bild, welches sich einst zu Stendal in der Baumann'schen Brauerei[li] befand, stehen folgende Verse darunter:

Gambrinus im Leben wurde ich genannt,
Ein König in Flandern und Brabant,
Aus Gersten hab ich Malz gemacht
Und das Bierbrauen daraus erdacht;
Drum können die Herren Brauer mit Wahrheit sagen,
Dass sie einen König zum Meister haben,
Trotz, komm' ein ander' Handwerk her,
Und zeig' uns dergleichen Meister mehr!

Gambrinus, älteste Darstellung aus Aventins „Bayerischer Chronik".

Jedenfalls war Gambrinus einst nicht nur der mächtigste König der ganzen Welt, denn seine Herrschaft geht heute noch von Sonnenauf- bis zum Untergang. Kein König hat ein größeres Reich, keiner besitzt mehr Untertanen. Er wird von den Studenten noch heute verehrt, ihm zu Ehren stiftete man Orden, Feste und Feiertage. Sein Name ist unsterblich, seine Erfindung unvergänglich.

Die *„Bayerische Chronik"* des Aventinus (Frankfurt a. M., 1580) beginnt mit den Abbildungen: *„Bildnuß oder Contrefactur der Zwölf ersten alten Teutschen Königen."* Dort findet sich auch ein anderes Portrait des Gambrinius, König in

Brabant und Flandern. Hier trägt er eine römische Rittertracht. Einen Arm stemmt er ein, und mit dem anderen hält er einen Helm mit einer Krone. Auf dem Kopf trägt er einen Ährenkranz, links von ihm mähen Leute Korn, rechts aber wälzt einer eine große Biertonne, an deren Seite ein hölzerner, großer Bierdeckelkrug steht. Unter dem Bild befinden sich folgende Verse:

Gambrivius genannt der Gämpfer,
Ein kühner Held und starker Kämpfer,
Gleich wie er geborn von edlem Blut,
Hatt' er ein adeligen Mut,
Er war ganz streng und ernst von Sitten,
Kein Unrecht wurde bei ihm gelitten,
Allen Frevel er gar peinlich straft,
Die Frommen schützt und Frieden schafft,
Wie wohl man nicht beschrieben find,
Wo er und nachmals seine Kind,
Nach ihm regiert han und geherrscht,
So hat man dennoch das erforscht,
Dass im Tornacher Stift ein Statt
Gambrw[lii] *von ihm den Namen hat.*
Dabei man wohl annehmen kann,
Dass er daselbst regiert muss han.
Er hat aus Gersten Malst gemacht
Und das Bierbrauen zuerst erdacht,
Wie er solches von Osiris
gelernet hat, und von Iside.
Und hat gelebt der Kämpfer kühn,
Wie die Historie zeigen tun,
Da Belocho der zehent König
Assyrien war untertänig.

In neuerer Zeit ist Gambrinus am treffendsten von Moritz von Schwind auf dem Titelblatt von „*Spindlers Zeitspiegel*" (München 1831) dargestellt worden: Er steht dort in fränkischer Königstracht in einer Hopfenlaube, umgeben von Arabesken, die z. B. eine Prozession zu einer Biertonne darstellen. Darunter vermessen Gambrinus und Bacchus eine Erdkugel. Dieser Künstler führt ihn uns nochmals vor in seinem *„Almanach der Radierungen"* (Zürich 1844, 1. Jahrg.), wo er auf 42 Blättern die edlen Künste des Trinkens und Rauchens behandelt. Auf Blatt Nr. 8 sitzt Gambrinus im mittelalterlichen Fürstentalar, einen Kranz von Hopfenblättern auf dem Haupt, auf einem Divan, und raucht aus einer langen Pfeife. Neben ihm sitzt der Sultan von Kaschmir, ebenfalls rauchend. Links steht sein Wappenschild, das ein Bockbierglas enthält, und darüber steht GAMBRIN. Rechts stehen auf einem Tabouret eine Tasse und ein Becher (Tulpe) mit schäumenden Bier. Dazu dichtete der Freiherr E. v. Feuchtersleben folgende Verse:

Pilgernd zog einst Fürst Gambrinus
Der Erfinder unsers Biers,
Menschenfreund wie Antoninus
In die Fluren Kaschemirs.
Ostens Ruhm, die Kunst des Rauchens
Zu erwarten wünscht er hier:
Mit dem Kommentar des Schmauchens
Da versteht man erst das Bier.

Fragt man aber, wie die Sage dazu kommt, diesen angeblichen König von Brabant als den ersten Brauer auszugeben und ihn in flandrischer Tracht darzustellen, so findet der gelehrte Belgier Coremans[liii] hierzu keine Anhaltspunkte, außer dass die Gesichtszüge des Königs Gambrinus auf allen Portraits denen des Herzogs Johann I. von Brabant, wie er uns auf seinem Grabmal zu Brüssel erscheint, ähneln (mit Ausnahme der Backen, die hier nicht so dick sind) und dass noch heute viele Brauereien und Bierkneipen in Belgien die Aufschrift *„Au duc Jean de Brabant"* führen.

Es ist also wahrscheinlich, dass ein Herzog von Brabant ein Freund und Beschützer der belgischen Bierbrauer gewesen war. Indes hat Coremans trotz aller Bemühungen über Johann I. nichts Diesbezügliches herausfinden können, sondern nur ein von Johann II. der Brauergilde von Löwen gegebenes Privileg. Es gab ihnen das allein zustehende Recht, innerhalb des Umkreises von einer Stunde Weges Bier brauen zu dürfen.

Von Gambrinus oder Gambrivius existieren verschiedene Sagen[liv]: Zu Cambray tritt er als Riese bei der dortigen Prozession auf. In Oberfranken nimmt er an einem großen Geisterbankett teil, welches die alten fränkischen Könige an jedem ersten Mai bei Gräfenberg am sogenannten *„Teufelstisch"* (einem Felsen) halten. Dort erhebt sich mitten aus der Erde ein Zauberpalast aus Kristall, den freilich nur wenigen Personen sehen können. Einst kamen zufällig zwei arme Musikanten dahin, und als sie am Morgen aufwachten, waren in dieser einzigen Nacht hundert Jahre verflossen. Bei ihrem Eintritt in die Kirche zu Gräfenberg zerfielen ihre Leiber zu Staub.

Gambrivius nimmt auch an einem zweiten Geisterbankett teil, welches am 24. Juni auf dem Felsen *„Hanns-Jörg Rottenberg"* (in Franken) gegenüber dem erwähnten Gastmahl beim *„Teufelstisch"* stattfindet.

In Holstein kennt man ihn ebenfalls. Dort ist er der Sohn eines Riesen. Gemeinsam mit anderen Hünen überschreitet er, auf dem Rücken eines Seehengstes sitzend, das Meer, um Flandern und Brabant zu erobern.

In Irland, wo man an der Küste noch heute Leute findet, welche sich für flandrische Nachfahren halten, lässt sich Gambrivius, begleitet von anderen Fürsten und Königen, in der Nacht des 18. Augusts sehen, wo der Heilige Laurentius feurige Tränen vergießt, die uns dann als Sternschnuppen erscheinen. Er gilt in Irland zwar als der Erfinder von wohltätigen Tränken, aus Brombeeren gebraut, aber er lehrte auch die Herstellung giftiger Liebestränke aus einer Nachtschattenart, „Teufelsbeeren" (Tollkirschen) genannt.[lv]

Wie dem auch sein mag, das heutige Bier ist eine deutsche Erfindung, auch wenn jener von Tacitus bereits erwähnte, berauschende Gerstentrank (eine aus vergorener Gerste erzeugte, weinsäuerliche Flüssigkeit) kein Bier im modernen Sinn war.

Untersucht man, woher das Wort „Bier“ stammt, so existieren darüber unterschiedliche Theorien. Einige haben behauptet, es komme vom lateinischen Zeitwort „bibere“ = „trinken“, und weil der (Gersten-) Trank bei den römischen Soldaten so beliebt gewesen sei, hätten sie dieses Wort verwendet und als Abkürzung dafür „biber“ gesagt. Daraus sei unser Wort „Bier“ zusammengezogen worden. Diese Erklärung ist aber so weit hergeholt, als wenn es jemand aus dem hebräischen Wort „biriale“ („Mehlbrei“) ableiten wollte[lvi]. Ebenso absurd ist die Ableitung des Wortes vom lateinischen „pyrus“ = „die Birne“[lvii], und immer noch wahrscheinlicher wäre die von dem griechischen Wort für Weizen, weil Bier ein Getreidetrank ist[lviii]. Heute weiß man freilich, dass es vom altsächsischen „bere“ = „Gerste“ stammt. Im Althochdeutschen hieß es „Pior“, im Altnordischen „Eolo“, im Angelsächsischen „Baer“ und „Alod“[lix], im Dänischen „Oel“, „Oela“ und „Olia“, im Norwegischen „Aul“, im Schwedischen „Oel“, im Schottischen „Hel“, im Slavischen „Ollo“[lx].

Die Polen und Böhmer nannten es „Zyto“, aber auch „piwo“ (wahrscheinlich von „bibere“). Die Bewohner von Wales sagten dazu „Kwvw“, und die Belgier „Kuyt“. Dass das französische Wort „bière“ aus dem Deutschen entstanden ist und nicht, wie Coler in seinem *„Hausbuch“*[lxi] meint, unser „Bier“ aus dem französischen „bière“, bedarf keiner weiteren Ausführung, umso mehr, als die französische Sprache einen älteren Ausdruck für dieses Getränk besitzt, nämlich „cervoise“, der freilich erst aus dem lateinischen „cerevisia“ gebildet worden ist.

Betrachten wir nun die Bierbereitung bei den alten Deutschen in der ersten Hälfte des Mittelalters, so müssen wir zuerst anmerken, dass das Bierbrauen jedem frei stand. Die alten Deutschen und Skandinavier würzten es mal mit einer Abkochung aus Eichenrinde, mal mit Tamariske (Tamarix germanica), mal mit der Frucht des Kreuzbeerenstrauches (Rhamnus catharticus), mal mit den Zweigen und Beeren des Keuschbaumes (Vitex agnus-castus). Zu einfachem Hopfenbier nahm man Eschenblätter.

Gutes Bier zu brauen, galt als Frauentugend. Durch einen Brauwettstreit wurde König Alf eine seiner unverträglichen Frauen los. Bei dieser Gelegenheit verwendete Odin seinen Speichel als Gärmittel[lxii]. Das Bereiten des Bieres geschah in den ältesten Zeiten in derselben Weise, wie man noch bis Ende des 18. Jahrhunderts im Saterland (in Oldenburg) verfuhr: Man hatte dort in jedem Dorf ein eigenes Brauhaus, in dem jeder nach einer gewissen Reihenfolge brauen konnte. Hatte dort eine Hausfrau gebraut, so lud sie ihre Nachbarinnen ein, die mit Topf und Löffel erschienen und dann Bier und Brot von der Hausfrau erhielten, um sich eine Art Kaltschale zu machen und gemeinsam zu verzehren. Noch heute lassen es sich die Sächsinnen in der Zips in Ungarn nicht nehmen, Bier und Branntwein für ihr Haus selbst zu brauen.

Eine Art Überbleibsel sind in Deutschland noch im 19. Jahrhundert die „brauberechtigten Häuser", weil deren Besitzer früher das Recht besaßen, sich im Stadtbrauhaus das für ihren Tischtrunk nötige Bier zu brauen. Dieses Recht wurde später von den Städten abgelöst, wofür jene heute noch eine Art jährliche Rente beziehen. Daran erinnert auch noch die in Norwegen verbreitete Sitte, dass sich die Hofbesitzer das Bier selbst brauen, welches in ihrem Haus von ihnen, ihrer Familie und dem Gesinde getrunkenen wird.

Karl der Große ließ bereits auf seinen Gütern Bier brauen, und er verordnete dabei die größte Reinlichkeit. Wahrscheinlich bestand dieses Bier nur aus Malz. Hopfen scheint er nicht dazu benutzt zu haben, sonst hätte er ihn sicher in seinen *„Capitularien"* erwähnt. Angebaut wurde diese Pflanze indessen schon vor seiner Zeit, denn ein Schenkungsbrief seines Vaters Pipin aus dem Jahr 768 spricht bereits von Hopfengärten (humlonaria)[lxiii].

Im Jahr 822 wurden vom Abt (namens Adelard) des Kloster Corvey die Müller dieses Stiftes von der Hopfenarbeit befreit. In der diesbezüglichen Urkunde wird ausdrücklich neben dem Malz (brace) das Wort „humulare" = „den Hopfen bearbeiten" erwähnt[lxiv]. Als notwendige Zutat zum Bier kommt diese Pflanze („humela") aber erst in einer Schrift der Heiligen Hildegard vor, welche 1079 als Äbtissin auf dem Rupertsberg starb[lxv]. Sie schreibt über ihn, er mache die Menschen traurig und er trockne ihre Eingeweide aus. Durch seine Bitterkeit bewirke er aber, dass die Getränke, denen man ihn zusetze, sich lange hielten. Von dieser Zeit an scheint man allgemein Hopfenbier gebraut zu haben, weil man meinte, durch die Beimischung des Hopfens halte es sich länger. Darum baute man ihn schon um 1070 im Magdeburger Raum und in Bayern häufig an. Zum Exportartikel wurde er aber erst nach 1240.

Am intensivsten wurde das Brauen in den Klöstern getrieben. So wissen wir z. B. vom Kloster Corvey, dass Bier dort täglicher Trank war, denn der Pförtner erhielt täglich einen Becher voll[lxvi]. Ob die Herstellung des Bieres aus Hopfen von den Klöstern ausgegangen ist, wie man bislang geglaubt hat[lxvii], ist aber fraglich. Dagegen weiß man, dass sich die Klöster nicht nur das Malz zum Bierbrauen, sondern auch bereits gebrautes Bier als Zins liefern ließen. Bier als Steuerzahlung lieferten die Städte an die Fürsten, die Bauern an die Klöster[lxviii] sowie die Hörigen an die Richter und an die Obrigkeit („Biergelte" genannt)[lxix]. So gab einer im Jahre 758 jährlich 30 Sikeln (Seidel) Bier ab, im Jahr 760 zahlte ein anderer 20 Sikeln[lxx], und im Jahre 1106 wird bereits „ein Becher Hopfen" als Abgabe erwähnt.

Ebenso liest man im 22. Artikel des Alemannischen Gesetzbuches, dass jeder, der einem Gotteshaus angehörte, diesem 15 Seidel („siclus") Bier jährlich abzuliefern hatte[lxxi]. Desgleichen erwähnt der *„Sachsenspiegel"*[lxxii] den Hopfen, der überall in Schwaben seit dem 8. Jahrhundert angebaut worden sein soll.

Man versetzte das Bier statt mit Hopfen auch mit Honig, denn in einer Urkunde des Jahres 1147 wird eine Abgabe von 30 Seidel („sicla", „sitla") Met, 20 Seidel „gehonigtem" und 60 Seidel „ungehonigtem" Bier erwähnt[lxxiii].

Für die Malzherstellung nahmen die alten Deutschen erst Gerste, später aber Weizen, Hafer und sogar Dinkel. So fand sich im Kloster St. Gallen bereits eine Malzdörre für 100 Malter Hafer. Eine Dörre für dieselbe Menge zeigte Bischof Salomo von Konstanz im Jahre 915 dem kaiserlichen

Kammerboten, falls dies nicht eine bloße Prahlerei dieses Bischofs gewesen sein sollte[lxxiv]. Indessen wurde es in Nürnberg schon 1290 verboten, aus Hafer, Korn, Dinkel und Weizen Bier zu brauen, und man befahl, ausschließlich Gerste dafür zu verwenden[lxxv]. Dagegen verordnete der Rat von Augsburg 1433, alles Bier aus Hafer zu brauen und widerrief diese Verordnung erst 1550.[lxxvi] Trotzdem hielt man sich nicht daran, denn man braute dort noch zur Zeit des 30jährigen Krieges Weizenbier.

So schrieb z. B. Wallenstein in einem Brief vom 2. Juli 1628 an den Feldmarschall von Arnim, der vor Stralsund lag: „Dieweil ich das Gerstenbier nicht trinken kann, bitt', der Herr tu die Anordnung, auf dass von Barth auf Anklam vor mich Weizenbier gebracht werde."[lxxvii] Andere Weizenbiere aus dem 16. Jahrhundert werden wir später noch kennenlernen.

Übrigens trank man hin und wieder in Deutschland auch Met, so wurde z. B. im Jahre 1549 in Schneeberg in Sachsen Böhmischer Met aus Eger eingeführt[lxxviii].

Im 14. Jahrhundert war der Hopfenanbau in Deutschland bereits allgemein verbreitet, besonders in Böhmen, Bayern und in Norddeutschland. Aus der Mark verbreitete er sich nach Pommern, und aus Böhmen nach Sachsen. Im Jahr 1568 wurde in Bayern in einer Forstordnung im Hinblick auf die Hopfenstangen verfügt, bei ihrem Schneiden darauf zu achten, dass die Wälder nicht dadurch zu sehr verwüstet würden, und eine ähnliche Verordnung existierte auch in Sachsen aus der Zeit des Kurfürsten August[lxxix].

In Brandenburg war diese Pflanze schon im 16. und 17. Jahrhundert ein einträglicher Ausfuhrartikel.[lxxx] In den Niederlanden wurde er ebenfalls frühzeitig und sehr eifrig angebaut, aber er wurde beim Verkauf mit anderen Stoffen versetzt und verfälscht, denn die Generalstaaten erließen in dieser Hinsicht am 1. April 1620 eine strenge Verordnung, die später oft erneuert wurde. Diese scheint jedoch die Bierbrauer dort nicht gekümmert zu haben, denn darauf deutet der Spottname „Ratten-Kruydt" hin, mit welchem das Volk das Malz belegte und der sich auf schädliche Zusätze im Bier bezog. Zu diesen gehörte dort der „dolmaekende (tollmachende) Nachtschyede".

Dabei handelt es sich um die Indischen Kockelskörner (Cocculus indicus), die stark alkaloidhaltig sind.

Die alten Angelsachsen tranken Bier, und zwar ungehopftes, wie man aus seiner Erwähnung in den Gesetzen Inas, des Königs von Essex, sieht. Es kommt auch schon in der Beschreibung eines Festes vor, welches Edward der Bekenner gegebenen hatte. In der normannischen Zeit war es so billig, dass zwei Gallonen nur einen Penny kosteten. Später baute man jedoch in England auch Hopfen an. Dass seine Verwendung als Zutat zum Bierbrauen nicht erst 1524 durch Einwohner aus Artois nach England kam, wie man früher geglaubt hat[lxxxi], kann schon deswegen nicht wahr sein, weil unter Heinrich IV. (um 1400) und Heinrich VI. (1450) sein Anbau dort verboten wurde. Heinrich VIII. untersagte auch im Jahr 1530 bei schwerer Strafandrohung, Hopfen und Schwefel ins Ale zu tun, was er als Bierverfälschung bezeichnete. Indessen wurden unter Eduard VI. im Jahre 1552 wieder Hopfenfelder in gesetzlichen Verordnungen erwähnt. Viel scheint man aber davon nicht angebaut zu haben, sonst hätte im Jahre 1603 Jacob der Erste nicht verboten, schlechten ausländischen Hopfen einzuführen. Seit 1650 verwendete man übrigens in London Bierhefe zu Brauzwecken.

Die alten Goten besaßen zwar ein Getränk, „Buska“, was unserem Bier vielleicht ähnlich war[lxxxii] aber in Skandinavien kommt das echte Bier bereits sehr früh vor. Auch hier brauten es die Frauen, insbesondere geschah dies vor den großen Jahresfesten, besonders um Mittwinter (21. Dezember). Mit den nach Norden vordringenden Deutschen kamen auch die stärkeren deutschen Biere auf den nordischen Markt. Gesetze über den Bierausschank in Skandinavien erscheinen ebenfalls schon frühzeitig: König Erich Magnusson von Norwegen verlieh 1282 das Schankrecht („biorsala“) den Hausbesitzern und jenen Bürgern, welche zwar in gemieteten Häusern wohnten, die aber die Schankgeräte („ölgögn“) selbst besaßen. Den Übrigen war das Ausschenken und Zapfen verboten. Der Preis für einen Krug („bolli“) Bier wurde auf einen Örtug (5 Pfennige), die Flasche Nachbier, „munngat“, wie es noch heute in Island und Norwegen heißt, auf 15 gewogene Pfennige festgelegt. König Hakon Magnusson setzte (1380-90) für die Tonne Bier den Preis auf zwei Mark fest, für Met auf drei Mark und für das Schiffspfund Hopfen auf 15 Mark. Nach einem Gesetz vom 9. Februar 1302 durfte das Bier nur in geeichten Gefäßen, nicht aber in hörnernen oder in Kannen verkauft werden. Auch auf dem Zapfrecht lag eine Steuer. In Kopenhagen betrug sie nach dem Stadtrecht von 1294 (Art. 13) zwei Öre jährlich, und außerdem war Malz an den Bischof als Abgabe zu entrichten.

Das Malz zum Bierbrauen brachten in der ältesten Zeit die Seefahrer als Rückfracht nach Skandinavien, denn das hier gewonnene Korn reichte kaum für den Brotbedarf aus. Ebenso wurde der zum Brauen nötige Hopfen eingeführt. In Island verwendete man als Ersatz dafür die Schafgarbe (Achillea millefolium), die deshalb „Feldhopfen“ hieß (valhumall), und dieser Ersatzstoff war auch in Schweden gebräuchlich, wo er ab und zu noch im 18. Jahrhundert genutzt wurde[lxxxiii]. Früher trank man das Bier in diesen Ländern übrigens oft erwärmt, nicht kalt.

Noch später lernten die Schweden den Hopfen kennen. Im Jahre 1440 musste jeder Landmann bei Strafandrohung vierzig Stangen Hopfen ziehen. Noch 1525 bezahlten die Schweden den ausländischen Hopfen mit 1200 Schiffspfund Eisen, dem neunten Teil ihres gesamten Exports. Unter ihrer Königin Christine führte man zwar noch sehr viel Hopfen aus Deutschland ein, fing aber doch bereits selbst an, ihn anzubauen, und unter Karl XI. (zwischen 1660 und 1697) erntete man selbst ungefähr so viel, wie man auch verbrauchte.

Wenden wir uns nach England, so müssen wir vorausschicken, dass den alten Kelten, die dort wohnten, bereits von Diodor von Sizilien die Liebe zum Trunk vorgeworfen wurde[lxxxiv], und eine Stelle in den Gedichten Ossians zeigt, dass dies keine Erfindung war[lxxxv]. Was sie tranken, wissen wir indes nicht genau, denn die Erzählungen[lxxxvi], dass sie nicht nur warmes Tierblut, sondern auch das Blut ihrer Feinde getrunken hätten, beruht, wenn nicht auf Erfindung, so doch sicher auf Übertreibung. In der angelsächsischen Bibelübersetzung ist eine Stelle im Evangelium des Lukas (II, 15) übersetzt mit: „and ha ne drincid voin ne beor“ –, „er trinkt weder Wein noch Bier“.

Die Bewohner von Wales tranken bis zum Jahr 1049 meistens Met, aber daneben auch Bier. Es gab davon zwei Sorten: „common ale" (gewöhnliches Bier) und „spiced ale" (gewürztes Bier), über welche die alten Gesetze dieses Landes bestimmten, das letzteres doppelt so viel wert war als ersteres[lxxxvii]. Die Sitte Bier zu trinken, blieb in England in den Familien sowohl bei den Vornehmen als auch den Geringen bis ins 14. Jahrhundert vorherrschend, obschon man es auch hier zuweilen für schädlich hielt. So erklärte der Hofdichter Heinrichs des Dritten von England, Henricus Abrincensis, es als ein „höllisches Gebräu"[lxxxviii]. Übrigens war es um 1307 teurer geworden: Abhängig von seiner Qualität kostete eine Gallone zwei, drei oder vier Penny, weshalb eine Verordnung des Magistrats von London bestimmte, eine Gallone der besten Sorte solle drei Halfpence und ein geringeres Bier nur einen Penny kosten.

Zur Zeit Holinsheds[lxxxix] (um 1570) braute man verschiedene Sorten. Die beste hieß „Märzenbier", weil sie im März gebraut wurde. Gewöhnlich trank man es, sobald es einen Monat alt war. An vornehmen Tafeln war jedoch auch ein- und zweijähriges üblich. Von dieser Zeit an überwog im Land aber der Wein, von dem man viele Varianten importierte.[xc]

Das blieb auch unter Heinrich VIII. so, der, wie wir bereits sahen, kein Freund des Bieres gewesen zu sein scheint. Zu seiner Zeit trank man vorzugsweise Weine aus der Gascogne. Bier genoss man zwar auch noch, aber nur welches, das mit wenig Hopfen versetzt und sehr jung war. An der königlichen Tafel durfte kein Bier aufgetischt und getrunken werden, welches älter als fünf Tage war[xci].

Es gab im 16. Jahrhundert dort bereits eine polizeiliche Aufsicht über die Brauereien, diese Beamten hießen „ale conners". Eigentliche Bierkneipen („scotalla")[xcii] existierten aber in England schon zu Beginn des 13. Jahrhunderts[xciii]. Wie die Engländer ihr Bier herstellten, weiß man recht genau. Sie verwendeten eine Art Malzextrakt, den sie „graut" nannten, welcher mit der deutschen Würze und dem Holländischen „Naebier" gleichzusetzen ist und der sehr dickflüssig war. Das gewöhnliche Bier (ale), welches durch den Zusatz von Hopfen berauschend wurde, erwähnt der bekannte Arzt Cardanus, der es in England trank, in seinem Buch *„De sanit. tuenda“*[xciv].

Berühmt war das Hertforder Bier, im Mittelalter „Kamna“ genannt, das altbritische „Koorow“ aus der Grafschaft Derby, ganz besonders aber das „Yorkshire-Oel“. Es gab aber auch schon Gewürzbier aus Ale, Pfeffer und Honig, das unter dem Namen „braket“ bei den einfachen Leuten sehr beliebt war. Ein anderes aus Zucker, Bier, Gewürzen und Brot hieß „ale-berry“. Dass die Mönche in den englischen Klöstern vorzugsweise gerne Bier tranken, zeigt uns ein aus einer alten Handschrift des Britischen Museums entlehntes Bild, welches einen Bruder Kellermeister darstellt, der, während er aus einem Fass das Bier in einen voluminösen Krug laufen lässt, gleichzeitig gierig aus einem großen Napf trinkt[xcv].

Neben den Geistlichen kommen auf Spottbildern des 13. bis 14. Jahrhunderts in England die Bierwirtinnen („ale-wife“) sehr schlecht weg. Man findet Szenen aus ihrem Leben sogar auf Skulpturen in englischen Kirchen[xcvi]. Besonders eine Darstellung in der Kirche zu Ludlow in Shropshire ist sehr bezeichnend und beweist uns, dass nicht erst in unserer Zeit Bierverfälschungen und zu kleine Maße den Bierwirten zur Last gelegt werden, sondern dass schon vor vielen Hunderten von Jahren derartige Betrügereien verbreitet waren:

Der betreffende Künstler stellt in seinem Bild das Jüngste Gericht dar. Auf der einen Seite sitzt ein Teufel mit Hörnern und scharfen Klauen und liest von einer sehr langen Pergamentrolle das Verzeichnis der von der Frau Wirtin begangenen Verbrechen ab. In der Mitte steht ein zweiter Teufel, der sie an den Beinen hält, von seinen Schultern herabhängend, und zum geöffneten Höllenschlund trägt, in welchen zuvor eine andere Frau hineingefahren ist, die mit ihrem Hinterteil noch herausschaut. Sie ist ganz nackt, mit Ausnahme einer Haube, hält aber in der Hand noch den Krug mit dem zu kleinen Maß. Daneben steht ein dritter geflügelter Teufel, der ihr einen Willkommensgruß auf einem Dudelsack bläst.

Wirtin, die vom Teufel geholt wird.

In Italien dagegen fand das Bier keine Freunde, obwohl man es sogar aus Deutschland eingeführt zu haben scheint, denn der Arzt Arnaldus von Villanova schreibt bereits von Einbecker Hopfenbier[xcvii]. Aber der Arzt Caneniero aus Genua (gestorben 1620) gibt eine abschreckende Beschreibung von der Wirkung dieses Getränks auf den menschlichen Körper[xcviii]: Er sagt, es mache das Blut dick und voller Unreinigkeit, es schade den Nieren, Nerven und dem Gehirn, mache Blähungen und Bauchgrimmen, erzeuge Kopfschmerz, Schlafsucht und Dummheit im Kopf. Beim seinem bloßen Anblick werde das Augenlicht schwächer, von seinem Geruch werde man halb wahnsinnig, und wenn man es trinke, fange der ganze Körper an zu frösteln und zu schaudern. Deshalb erklärt es sich auch, warum sein Zeitgenosse, der Jurist Jacob Menochi (gestorben 1607) berichten konnte, man hasse dieses Getränk in Italien so sehr, dass es bei schwerer Strafandrohung aus den Kellern der Weinkneipen verbannt war.

Was die französischen Biere aus dieser Zeit anbelangt, bemerkten wir bereits, dass Plinius berichtet, dass das Wort „cerevisia“, welches unser Bier bedeutet, ein gallisches Wort sei, ebenso der Ausdruck „brace“ für Malz. Wir haben gesehen, dass letzteres in die Vokabel „brasser“ überging, ersteres aber sich noch lange als „cervoise“ erhalten hat. Ob allerdings das Wort „cerevisia“ für jene beiden Biersorten, welche die alten Gallier (dem Bericht des Athenänus zufolge) kannten, verwendet wurde, lässt sich heute nicht mehr feststellen. Die reichen Leute tranken nämlich, wie jener Schriftsteller berichtet, ein mit Honig bereitetes Bier. Die gewöhnliche Bevölkerung aber konsumierte ein geringeres, welchem diese Würze fehlte, „corma“ genannt. Offenbar war es jene Sorte, welche bei den Ägyptern den Namen „curmi“ trug.

Durch ein berühmtes Edikt des Domitianus, welches in Gallien die vollständige Ausrottung der Weinstöcke befahl (92 nach Chr.), musste selbstverständlich der Gebrauch des Bieres dort verbreiteter werden. Obgleich dieser Befehl im Jahre 282 durch Kaiser Probus wieder aufgehoben wurde, welcher den Galliern wieder erlaubte, Weinstöcke anzupflanzen, erhielt sich doch das Bierbrauen dort. Trotzdem war das gallische Bier nicht gut, sonst hätte Julian nicht jenes bereits erwähnte boshafte Epigramm auf das Pariser Gebräu verfasst.

Inzwischen hatte dieses Getränk jedoch seinen Platz neben dem Wein behauptet, denn Karl der Große befiehlt in seinem *„Capitulare de villis“*, dass auf seinen Meierhöfen Leute angestellt werden sollten, welche Bier zu bereiten verstanden. Ja, es existierte auch auf der königlichen Tafel fort, dennsonst hätte König Richard von England seinem Schwiegervater, Karl VI. von Frankreich, sicher keinen silbernen Bierkrug geschenkt („vaisseau à boire cervoise“).

In den Klöstern trank man neben dem Wein ebenfalls Bier, und das Konzil zu Aachen bestimmte im Jahre 817 ganz genau, welche Menge jede Klosterperson als Tischtrunk täglich erhalten sollte:

Wenn nämlich das Kloster reich war und in seinem Land viele Weinberge vorhanden waren, dann solle jeder Chorherr täglich an Gewicht fünf Pfund Wein und die Nonne drei Pfund bekommen. Gäbe es aber wenig Weinberge, solle ersterer drei Pfund Wein und ebenso viel Bier erhalten, die Nonne aber von jedem Getränk zwei Pfund. Dort, wo gar keine Weinberge waren, solle der Chorherr fünf Pfund Bier, aber nur ein Pfund Wein erhalten, die Nonne von letzterem Getränk ebenso viel, vom Bier aber lediglich drei Pfund. In weniger reichen Stiften solle der Chorherr, wenn der Wein im Land reichlich angebaut werde, täglich vier Pfund davon bekommen. Wenn der Wein selten sei, nur zwei Pfund, zusammen mit drei Pfund Bier. Wo aber gar keiner angebaut wurde, sollen sie vier Pfund Bier und ein Pfund Wein erhalten. Sei dagegen das Stift arm, der Wein aber billig, dann bestimmte das Konzil für jeden Mönch täglich zwei Pfund Wein. Wo aber kein Wein angebaut wurde, erhielten sie lediglich ein Pfund Wein, jedoch drei Pfund Bier.

Dieses Bier brauten sich die Klöster selbst, denn noch heute zeigt man in vielen Klöstern der Picardie, der Normandie und Bretagne jene Stelle, wo einst das Brauhaus stand.

Die Abteien besaßen in ihren Gebäudekomplexen oft Mühlen zum Mahlen des Getreides, welches für das Brauen bestimmt war. Eine Charta des Königs Heinrich I. aus dem Jahre 1042 bewilligt den Mönchen des Klosters Saint Salve in Montreuil sur Marne sogar zwei solcher Mühlen („cerevisiae usibus deservientes“).

Eine alte Anekdote[xcix] über das Verhältnis der Wein- und Biertrinker zueinander lautet: Einst saßen ein Franziskaner und ein Dominikaner beisammen in einer Schenke, und sie stritten sich, welches Getränk besser sei, Wein oder Bier. Der eine, aus Flandern stammend, war für das Bier, der andere, ein Franzose aus Bordeaux, ergriff Partei für den Wein. Letzterer vermochte den gelehrten Begründungen des ersteren nichts entgegenzusetzen als: „Guter Bruder, ich denke, der Unterschied zwischen Bier und Wein ist wie der zwischen dem Heiligen Franziskus und dem Heiligen Dominicus“.

Alle Anwesenden stimmten seiner Meinung zu, und der Flanderer musste schweigen.

In der Normandie ist im 13. Jahrhundert noch viel Bier getrunken worden, darauf deutet das älteste bekannte Bierlied aus diesem Land hin (siehe Anhang).

Indessen wurde bald so viel Wein in Frankreich angebaut, dass die normale Bevölkerung nach und nach kaum noch Bier trank. Daher genossen es wahrscheinlich nur noch die Reichen, denn Brauer existierten nach wie vor im Paris des 13. Jahrhunderts, was daraus hervorgeht, dass Gilles Boileau ihnen im Jahr 1264 neue Statuten gab. Später scheint man wieder mehr Bier konsumiert zu haben, denn das *„Journal de Paris"*, welches unter Karl VI. und VII. abgefasst wurde, berichtet, dass um 1428 die Abgaben aus dem Verkauf des Bieres zwei Drittel mehr eingebracht hätten als die Weinsteuer.

Etwas Ähnliches geschah im Jahre 1689 in Frankreich, wo nur die Brauer 80.000 Malter Gerste verbraucht hatten, dabei noch nicht einmal den Weizen eingerechnet, welchen sie zur Herstellung von Weißbier bedurften. Indessen kam es vor, dass bei Getreideverteuerungen die Regierung jegliches Bierbrauen untersagte, so geschehen in den Jahren 1415, 1482, 1693, 1709 und 1740. Die Statuten der Pariser Brauer, welche sich in dem *„Livre des métiers"* des Etienne Boileau finden, sind ziemlich kurz und drehen sich eigentlich nur um solche Punkte, welche die Verfälschung des Bieres und seinen Verkauf betreffen[c]. Diese Gesetze wurden im Jahre 1489, 1515 und 1630 erneuert, im Jahre 1686 bestätigt und 1714 mit einigen Zusätzen versehen.

Im Jahre 1750 zählte Paris 40 Brauereien, welche jährlich ungefähr 75.000 Fass brauten. 1782 sank diese Zahl aber auf 23 Braustätten, welche nur noch 26.000 Fass herstellten. Als zur Zeit der ersten Französischen Revolution die Brauergilde aufgehoben wurde, existierten in Paris noch 78 selbstständige Brauer, die größtenteils in der Vorstadt St. Marceau wohnten. Um das Meisterrecht zu erlangen, mussten sie fünf Jahre Lehrling und drei Jahre Gehilfe gewesen sein und ein Meisterstück abgeliefert haben. Wer aber die

Brau-Erlaubnis nebst dem Meisterrecht erlangen wollte, hatte 2400 Livres zu bezahlen.

Was nun das Material anbetrifft, woraus man Bier in Frankreich braute, so scheint man nicht immer Gerste dazu verwendet zu haben. Es gibt nämlich eine Charta Karls des Kahlen aus dem Jahre 862, worin er den Mönchen des Klosters St. Denis jährlich 90 Scheffel Dinkel bewilligt, „pour faire de la cervoise". Später scheint man auch Bier aus Hafer bereitet zu haben. In den Brauerstatuten von 1264 ist aber ausdrücklich festgelegt, dass sie Bier nur bereiten durften aus Gerste, Mischkorn (halb Roggen halb Weizen), sowie mit dem für Pferdefutter gebräuchlichen Gemenge (dragée = Wickenfutter, Linsen und dergleichen).

Im 16. und 17. Jahrhundert brauten die Brauer der Picardie ihr Bier aus jeweils einem halben Teil Gerste und Roggen, die Pariser Brauer aber aus drei Teilen Gerste und einem Teil Hafer. Um das Jahr 1600 braute man entweder nur aus Gerste oder aber aus Hafer und Roggen. Der letzteren Variante setzte man Hopfensamen oder Hopfenblüten zu. Diese Biere hielten sich jedoch, mit Ausnahme derer, welche im Februar und März gebraut waren, noch nicht einmal sechs Monate lang. Außerdem gab es noch Dünnbier oder leichtes Bier („petite bière") sowie Stark- oder Doppelbier („godale", wahrscheinlich aus dem englischen „good ale" abgeleitet), welches in der Picardie den Namen „queute double" führte. Indessen mischte man, um das Bier stark und würzig zu machen, spanischen Pfeffer, Harz und Beeren darunter. Insbesondere taten dies die flandrischen Brauer, welche Lorbeeren, Enzian, Salbeiblätter und -blüten sowie Lavendel zusetzten, und doch war das Bier von Cambray im 13. Jahrhundert wegen seiner Güte sprichwörtlich geworden[ci].

Im 16. Jahrhundert mischte man Ambra, Himbeeren und dergleichen darunter, und noch im Jahre 1782 taten die Pariser Brauer in einen Bottich, der 25 Fässer Fassungsvermögen hatte, zusätzlich ein Pfund Koriander. Dies war übrigens nichts Neues, denn die Deutschen tranken in der ersten Hälfte des Mittelalters fast kein anderes als derart gewürztes Bier, so dass die Konzile von Worms (868) und von Trier (895) solche Biere denjenigen, welche Buße taten, nur sonntags gestatteten.

Drittes Kapitel

Das Bier im Mittelalter bis zum Ende des 17. Jahrhunderts in Deutschland, Russland und den Niederlanden

Betrachten wir nun wieder Deutschland, so haben wir bereits angemerkt[cii], das Bier sei dasjenige Getränk gewesen, von welchem die alten Deutschen glaubten, dass sie es nach ihrem Tod in Walhalla zusammen mit Odin trinken würden, kredenzt von den schönen Schildmädchen. Es ist daher nicht erstaunlich, dass es sowohl in den Klöstern als auch in den Städten fleißig gebraut wurde. So erschien in Augsburg bereits im Jahre 1155 eine Ordnung für jene Wirte, welche Bier herstellten. Darin heißt es, wenn ein Bierschenker schlechtes Bier macht oder ein falsches Maß ausschenkt, soll er bestraft werden, und überdies soll man sein Bier vernichten oder umsonst an die Armen verteilen[ciii]. In Ulm gab es bereits 1255 eine Getränkesteuer auf Bier, und im Jahre 1367 existierte hier ein Ratsbierhaus[civ]. Hier wird auch bereits 1399 ein gewisser Herr Heinrich als „reicher Bierbrauer" namentlich erwähnt.

Im Jahre 1486 berieten in Ulm die Herren im Kleinen Rat, „weil der Weinteuer ist, und die Bürger sich aufs Bier verlegen, die Biersieder aber ohne alle Kontrolle sieden, und es nicht vergären lassen, wodurch sich die Leute Krankheiten zuzogen. So dass sie deshalb nach Nördlingen, Giengen und Lauingen geschrieben haben, um sich dort zu erkundigen, wie lang deren Bierbrauer das frisch gebraute Bier liegen lassen, ehe sie es ausschenken, damit den hiesigen Brauern auch dies vorgeschrieben werde"[cv]. Nördlingen überschickte ihnen dann eine Bierordnung. Im Jahre 1615 gab es in Ulm fünf öffentliche Bierbraustätten und außerdem noch zahlreiche Brauereien von Privatleuten. Darüber hinaus existierte dort noch eine Verordnung, dass die Bierbrauer, um dem Bier einen guten Geschmack zu geben, beim

Ausbrennen der Fässer nichts außer Zimtrinde, Nelken, Wermut, Wachholder und Meisterwurz gebrauchen sollten[cvi].

In Freiberg in Sachsen finden wir ebenfalls schon im Jahre 1262 die Brauerei erwähnt[cvii]. Die Bürger von Dippoldiswalde führten dort ihr Bier zusammen mit anderen Lebensmitteln in die Bergwerke, was die Freiberger Bürger aber nicht dulden wollten, und Markgraf Heinrich der Erlauchte entschied diese Streitigkeit dahin, dass die Bergleute ihr Bier nur aus Freiberg nehmen sollten. In einer Urkunde vom Jahre 1277 lesen wir, dass dieser Fürst auch einem Nonnenkloster zu Nimptschen den Bierzehnten von allen seinen Silberzechen im Land schenkte.

Seitdem finden wir die städtischen Biere häufig in sächsischen Urkunden erwähnt, und die Biersteuern und der Bierzwang gaben Anlass zu mancherlei Gerichtsprozessen. Man findet in den Städten überall öffentliche Brau- und Malzhäuser beschrieben, z. B. hatte Freiberg im Jahre 1633 sechs Malz- und zwölf Brauhäuser[cviii]. Dort brauten die Bürger reihum Bier, welches sie in ihren Häusern ausschenkten. Ähnliche Einrichtungen haben sich in einzelnen sächsischen Dörfern, wo der sogenannte „Reiheschank“ herrschte, bis ins 19. Jahrhundert erhalten.

Freilich war vom 14. bis 16. Jahrhundert der Wein ebenso beliebt bei den Bürgern, denn man konnte ihn billig in den Trinkstuben und Herbergen der einzelnen Gewerbe bekommen. Es fehlt deshalb auch nicht an Zeugnissen bedeutender Personen aus jener Zeit, welche das Bier verdammen und ihm Schuld geben, alle möglichen körperlichen Gebrechen hervorzurufen, sogar den Aussatz[cix]. Der zu seiner Zeit berühmte Arzt Felix Plater erzählt[cx]sogar die Geschichte eines Bauern, der seiner Frau einmal gewünscht habe, es möge ihr erster Trunk zu Gift werden. Als er aber einen Krug Bier nach dieser unchristlichen Verwünschung in die Hand nahm und trank, kam ihm das Getränk so gallenbitter vor, dass er glaubte, Gott habe, um ihn zu bestrafen, den Trunk tatsächlich in Gift verwandelt, damit er sich daran tottrinken solle.

Die deutschen Dichter des Mittelalters wollten nicht viel vom Bier wissen. Conrad von Würzburg stellt es mit dem Essig auf eine Stufe, und ein anderer Dichter, der das Treiben in einer primitiven Schänke schildern will, bedient sich dazu einer Bierschänke. Überhaupt scheint man damals in Süddeutschland sehr wenig vom Bier gewusst zu haben, denn in Bayern waren nur der schlechte Wein und der Birnenmost sprichwörtlich, aber nicht das Bier[cxi].

Zwar gibt es aus dem späten 15. Jahrhundert Biersegen, die offenbar in Nachahmung der bekannten Weinsegen entstanden sind, aber sie sind meistens unflätig und nur für niedere Schänken gemacht. Bierlieder existieren merkwürdigerweise in Frankreich schon im 13. Jahrhundert, während sie in Deutschland erst im 17. Jahrhundert aufkamen. Dazu trug auch die allgemeiner werdende Sitte des Tabakrauchens bei, denn zu einer Tabakspfeife schmeckte der Wein nicht so gut wie das Bier. Deshalb stieg mit dem Tabakkonsum seit dem 17. Jahrhundert auch der Bierverbrauch. Zwar waren die Verehrer eines guten Glases Bier in Deutschland sehr zahlreich, aber die Dichter wollten nicht viel davon wissen. So dichtete der Verfasser des Liedes *„Von dreien das Beste“*:

„Der Brunnenstoff gibt wenig Kraft,
So ist das Bier zuwider mir,
Ich lob‘ des Weinstocks Gaben,
Tun mir das Herze laben“,

und Orlandus Lassus schreibt: „Trink guten Wein und wenig Bier“[cxii]. Ebenso heißt es in den *„Fastnachtsspielen“*[cxiii]: „und hütet euch vor neuem pier“ sowie „und lieber Wein trinken als saures Bier“.[cxiv] Gleichwohl stand als Bierliebhaber Kaiser Rudolf von Habsburg an erster Stelle. Er lief sogar einmal, mit einem Bierglas in der Hand, durch die Straßen von Erfurt, dabei dieses Getränk hochpreisend[cxv]. Der bereits erwähnte Doktor Heinrich Knaust reiste in Deutschland (in erster Linie im Norden) umher, um überall Bier zu probieren, und seine Bierfahrten haben für uns das Gute, dass wir von ihm erfahren, welche Biere zu seiner Zeit berühmt waren. Wir wollen ihn nun auf seiner Reise begleiten und zugleich seiner Einteilung in weiße und rote oder braune Biere folgen. Dabei wollen wir vorauszuschicken, weil er uns nichts darüber berichtet, dass Weißbier zuerst im Jahre 1541 oder 1551 von einem Niederländer namens Hans Kräne in Nürnberg gebraut worden sein soll[cxvi].

Auch Olaus Magnus gibt eine genaue Beschreibung der Bierfabrikation.[cxvii] Der Name Doppelbier, „cerevisia duplex“, steht zwar schon als Überschrift eines Kapitels in dem unter dem Namen *„Mensa philosophica“*[cxviii] bekannten Buch, aber ohne eine nähere Beschreibung, wie es gebraut wurde.

Knausts Beschreibung der Weißbiere

Zur Königin der Weizen- oder weißen Biere im 16. Jahrhundert erklärt Dr. Knaust das Hamburger Bier. Es schmeckte anfangs süß, aber allmählich gewann es einen weinähnlichen Nachgeschmack, weshalb auch der Kardinal Raimund von Rom, als er in Hamburg päpstlicher Legat war und Hamburger Bier getrunken hatte, scherzhaft sagte: „o quam libenter esses vinum!“[cxix] Dieser Ausspruch des Kardinals ist eine ewige Ehre des Hamburger Biers: „Oh wie gern wollest du Wein sein!“

Dieses Bier erzeugte gutes Blut und eine schöne Gesichtsfarbe, aber es hielt sich nicht lange. Knaust sagt, wenn man sich damit wusch, mache es nicht nur eine gute, natürliche Gesichtsfarbe, sondern auch eine gelinde, saubere und reine Haut am Leib. Wenn man aber zu viel davon trinke, verursache es Geschwüre und Beulen, und das Gesicht werde davon rot und aufgedunsen. Man sagte von dem Hamburger Bier auch, es wolle gerne „mit dem Wein um die Wette laufen“.

Ein anderes kostbares Weizenbier war das Lübecker, jedoch nicht ganz so stark und kräftig wie das Hamburger. In Lübeck, Danzig, Kopenhagen und in ganz Dänemark hieß es „Israel“, wahrscheinlich wegen seiner Stärke, weil es so mit den Leuten ringe, wie der Erzvater Jacob mit dem Engel gerungen hatte, weswegen jener vom Engel „Israel“ genannt worden ist.

Daneben existierte das Bremer Weißbier, das zwar bekömmlich war, aber nicht vergleichbar mit dem Hamburger, wie Knaust versichert, der es als Domsyndikus mehrere Jahre regelmäßig trank. Ein anderes Weizenbier braute man zu Stade, fünf Meilen von Hamburg entfernt, aus demselben Elbwasser, demselben Weizen, Hopfen usw. Zwar schätzten es die Bürger von Stade so sehr, dass sie kein anderes Bier, besonders kein Hamburger, in ihrer Stadt zuließen, aber Knaust versichert, letzteres sei gesünder, und es steige es dem, der es getrunken hatte, nicht am nächsten Morgen zu Kopf. Dies tat nämlich das Stader Bier, welches man dort „Kater" nannte, weil es jenen Menschen, die davon zu viel getrunken hatten, den Kopf schwer machte.

In Buxtehude braute man ebenfalls Weißbier, das aber qualitativ weit unter dem Hamburger stand. Es besaß auch einen besonderen Namen, nämlich: „Ich weiß nicht, wie". Knaust kennt den Grund nicht dafür, vielleicht weil, wer es trank, am nächsten Morgen so betrunken war, dass er nicht wusste, wo er sich befand. Das Lüneburger Weißbier war auch gesund und schmackhaft, aber weshalb es „Benichen" hieß, konnte er ebenfalls nicht sagen.

Englisches Bier, welches viel in den Niederlanden, Dänemark, Schweden und Preußen getrunken wurde, probierte Knaust zu Danzig, und er versichert, es habe ihm damals wieder zur Gesundheit verholfen. In Braunschweig braute man in der zweiten Hälfte des 16. Jahrhunderts ebenfalls Weißbier, welches sehr nahrhaft war und gut schmeckte. Das Magdeburger Weizenbier führte den seltsamen Namen Filtz[cxx], warum, weiß man nicht, es war nicht ganz so gut wie das Hamburger Bier oder die Gose. Sehr berühmt war das Goslarer Bier, auch Gose genannt, nach dem aus dem Harz kommenden und durch Goslar fließenden Fluss, aus dessen mit Erzspuren geschwängerten Wasser es gebraut wurde. Wasserzusatz vertrug es nicht, sobald man nämlich etwas hineingoss, schlug es um. Es galt als sehr nahrhaft, hitzig und gut für den Magen, und es wurde besonders Eheleuten sehr empfohlen. So schwer wie das Hamburger war es nicht, anfangs schmeckte es süß, dann aber weinähnlich, und es ließ sich nicht lange lagern. Man sagte davon:

Es ist zwar ein sehr gutes Bier die Goslarische Gose
Doch wenn man meint, sie sei im Bauch, so liegt sie in der Hose![cxxi]

Viele Brauer in anderen Städten befleißigten sich damals schon, dieses Bier nachzubrauen, und so kannte Knaust bereits die Quedlinburger, Halberstädter, Blankenburger, Ascherslebener, Wernigeroder und Osterwicker Gose, meint aber, all diese Nachahmungen seien zwar nicht zu verachten, der Goslarer Gose aber keinesfalls gleich. Ein ähnliches Weißbier braute man auch zu Dernburg, weil es aber den Leuten zu Kopfe stieg, nannte man es „Störtenkeerl“ („Stürz den Kerl“). Berühmter war das Hannoveraner Weißbier, der sogenannte „Broihan“(oder „Broyhan“).

Man sagte ihm nach (ebenso wie dem Wettiner Bier, der Gose aus Goslar, sowie dem Duckstein aus Königslutter), dass, wer es trinke, niemals an Stein- oder Blasenkrankheiten leiden werde. Seinen Namen soll dieses köstliche Getränk davon bekommen haben, dass man einen Hahn in ihm abbrühen könne, weil es so hitzig sei. Deswegen heiße es eigentlich „Brau den Hahn“. Aber richtiger ist wohl die Theorie, dass es seinen Namen von seinem Erfinder hatte. Es gibt noch eine andere vermeintliche Begründung: Demnach soll das Wort durch Buchstabenversetzung in der griechischen Benennung der Stadt Hannover oder Hannobera entstanden sein, wie es David Rupert Erythropel, ehemaliger Braunschweigisch-Lüneburger Oberhofprediger (gestorben 1732), in einer Rede, die er seiner Vaterstadt Hannover zu Ehren hielt und die er später zu Jena im Jahre 1675 unter dem Titel *„Amor patriae Hanuoverae“* in den Druck gab. Dies ist jedoch eher unwahrscheinlich.

Von jenem ersten Brauer dieses Getränkes erzählt man, es habe einst ein sehr reicher Hamburger Kaufmann seinen Wohnsitz in Hannover genommen. Weil er aber entweder aus Gewohnheit oder aus Gesundheitsgründen nur Hamburger Bier habe trinken können, so habe er aus Hamburg sich einen Brauer, Namens Cord oder Conrad Breyhan kommen lassen, der in einem Brauhaus im Jahre 1526 zuerst dort sein Bier gebraut habe. Dieses sei ausgezeichnet geworden, aber durchaus verschieden von dem Hamburger.

Historisch erwiesen ist, dass ein gewisser Broihan aus dem eine Meile von Hannover entfernten Dorf Stöcken, der in Hamburg eine zeitlang als Brauknecht gearbeitet hatte, nach seiner Rückkehr am Fronleichnamstag, dem 31. Mai 1526, in Hans von Sodens Haus auf der Leinstraße zuerst dieses nach ihm benannte Bier braute. Wegen seines guten Geschmacks und seiner Verträglichkeit zog man es sogar dem Wein vor, wie dieses lateinische Distichon sagt:

Grandia si fierent summa convivia coelo,
Broyhanam suporis Jupiter ipse daret!

Wenn sollt' der große Gott ein Mahlzeit selbst anstellen,
Den Broihan würde er zum Trunk gewiss erwählen.

Anfangs nahm man außer dem Leine-Wasser nur Weizen und Hopfen dazu, später aber mehr Gerste. Im Jahre 1570 starb Cord Broihan und wurde mit großem Gepränge begraben. Zu seinem Andenken hat man, als im Jahre 1609 zu Hannover die Brauergilde errichtet wurde, eine kupferne Münze in Form eines Pfennigs verfertigen lassen, auf der ein Hahn abgebildet war. Dieses Brauerzeichen musste bei jedem neuen Brauvorgang von demjenigen, welcher ihn durchführte, mit einem Reichstaler aus der Kämmerei geborgt werden, und der Brauer hatte ihn in der Mühle zusammen mit dem Lizenzzettel abzugeben.[cxxii] Man hat dieses Getränk oft nachgeahmt. Gerühmt wird auch Broyhan aus Bodenwerder, aus Gifhorn, Meyner und Burgwedel, aber keiner hatte einen so guten Namen wie jener aus Hameln, denn die Apotheker lagerten ihn als gutes, bei verschiedenen Krankheiten zu trinkendes Bier ein. Außerdem wird auch der Halberstädter und Braunschweiger sowie der Einbecker Broyhan gelobt, der jedoch mit den bereits erwähnten Weißbieren gleichbedeutend ist. Knaust kennt noch den Hildesheimer, Göttinger, Nordheimer, Alfelder und den Gronauer Broyhan, stellt sie aber qualitativ alle dem Hannoveraner nach. Der Schönebecker Broyhan wird von ihm nicht erwähnt, obwohl er recht alt sein muss, denn es gibt in dieser Stadt eine Breyhangasse.

In Boitzenburg, in der Nähe von Lauenburg in Niedersachsen, braute man auch ein vortreffliches, kräftiges Bier, das aber den Leuten zu Kopf stieg und das deshalb den niederdeutschen Namen „Biet den Kerl" („Beiß den Kerl") bekam, weil es die Bauern, die unmäßig davon tranken, biss, also lädierte und beschädigte, so dass sie davon trunken wurden und von ihren Sinnen nur noch wenig wussten. Daneben rühmt Knaust noch die polnischen Weizen- oder Weißbiere, welche einen angenehmen, weinähnlichen Geschmack hatten und besonders gut den Durst löschten. Auch das Prager Bier lobt er sehr und zählt es zu den Weißbieren und auch zu den deutschen Bieren, „weil Böhmen und Deutschland nahe aneinander stoßen und benachbart sind, so dass alle Tage Deutsche in Böhmen und jene wiederum in Deutschland sind".

Außerdem führt er als Weißbiere noch das starke und häufig exportierte Kolberger Bier an, ebenso das Zittauer, welches damals noch zu den schlesischen gerechnet wurde, das Kadener (an der böhmischen Grenze) und schließlich das Breslauer. Er bemerkt jedoch, dass an den letztgenannten drei Orten auch gute Braunbiere gebraut wurden. Das Breslauer Weißbier hieß „Scheps". Es war trüb, aber stark und nahrhaft und besonders den älteren Leuten zuträglich. Über diesen Trunk gibt es einige alte, aus echten lateinischen und latinisierten deutschen Worten zusammengesetzte Verse:

Scheps caput ascendit neque scalis indiget ullis
Sessitat in stirnis, mirabilis intus in hirnis.
Scheps, Scheps, te libenter bibit omnis plebs.

Scheps steigt in den Kopf und bedarf keiner Leiter,
er sitzt in der Stirn und wunderbarlich auch im Gehirn.
Scheps, Scheps, dich trinkt alles Volk gern!

Oder in einer alten Übersetzung:

Scheps steiget ins Gehirn, braucht keine Leiter nicht,
Er sitzet in der Stirn, wirkt Wunder im Gehirn.

Ein anderer, späterer Vers heißt:

Sie brauchen keinen welschen Wein
Nichts von Bacharach am Rhein
Ihren Hals zu netzen.
Auch nichts vom Kretenser Saft,
Schöps kann schon mit seiner Kraft
Sie genug ergötzen.
Hier zu Bressel in der Stadt
Dieser Trunk den Ursprung hat.
Von drei guten Sachen:
Hopfensamen, Weizgetreid
Wohl in Wasser abgebräut
Solch Getränke machen.

Das Sprichwort „Breslauer Bier ist der Schlesier Malvasier", gibt es auch in Naumburg[cxxiii]. Das dortige Weißbier wurde ebenfalls noch „Toller Wrangel" genannt.

Knausts Beschreibung der Rot- und Braunbiere

Knaust widmet sich auch den roten[cxxiv] bzw. braunen Biere, und er beginnt mit dem Danziger, welches er zur Königin aller anderen Gersten- und roten Biere erklärt. Er sagt davon, es habe eine schöne Farbe, guten Geruch, guten Geschmack, gute Substanz und ein gutes Temperament. Es sei sehr nahrhaft und mache ein gutes Geblüt. Wenn man nicht zu viel davon trinke, bekomme man eine gute Gesichtsfarbe, und es mache auch den Bauch weich. Konsumiere man aber davon zu viel, dann entzünde und erhitze es das Geblüt. Außerdem mache es dann dem Menschen im Gesicht eine unnatürliche rote Farbe, verursache böse und rote Augen, Rheuma, Zipperlein und starke Behinderungen durch Gicht usw. Er schreibt außerdem davon: „Ich könnte dieses Bier, welches ich ein halbes Jahr stets getrunken habe, als ich legationsweise in der hochlöblichen Königlichen Stadt Danzig wohnte, hoch rühmen, preisen und loben. Aber das will ich den großen und hohen, gewaltigen Rednern überlassen. Wie kann aber ein größeres Lob über ein Bier bekundet werden als dieses: Jenes Bier hat den ersten Platz, es ist die Königin und Prinzessin unter allen anderen Gerstenbieren in Deutschland und übertrifft sie alle. Höheres und Besseres kann man von keinem Bier sagen. Das geringe Tafelbier in dieser Hochlöblichen Stadt Danzig ist besser als anderswo das rechte Bier, und mir ist es wohl bekommen, da meinem Kopf das rechte Danziger Bier zu stark war."

In Preußen fand Knaust viele gute Biere vor, aber sie hatten nicht alle einen so großen Namen wie das Danziger. Das lag daran, weil sie einerseits in kleinen Städten und andererseits auf Schlössern und in Häusern gebraut wurden, deren Namen nicht jedem bekannt waren. Dieses Danziger Bier, welches aber den Durst nicht löschte, weil es so dick wie Sirup war, hieß „Preusing". Die Holländer nannten es „Joppenbier" („Joopenbier", von „joop" = „Saft").

Der Geograph Cluver berichtet, er habe 60jähriges Danziger Bier getrunken und es noch als recht gut befunden.[cxxv] – Welches mag dies wohl gewesen sein? Aufgrund seiner Stärke sagte man auch: „Das Danziger Bier ist stärker als der Ochsen vier". Der unbekannte Verfasser der alten Satire *„De generibus ebriosorum"*[cxxvi] schreibt ebenfalls, das beste Bier in Preußen werde zu Danzig gebraut, und zwar aus Gerste. Ihm stehe das Lübecker und Hamburger aus Weizen jedoch gleich. In diesen drei Städten herrsche jedoch die leidige Gewohnheit, dass Männer und Frauen Tag und Nacht in unterirdischen Gemächern (cryptae) Bier tränken, und zwar kämen sie dort vermummt hin, um nicht erkannt zu werden. Wenn sie dort einträfen, legten sie die Kleider ab und trieben allerlei Unzucht[cxxvii]. Der Dichter Conrad Celtes, der kein Kostverächter war, hat, wie er selbst sagt, diese Orte auch besucht und durch lateinische Verse, welche an jener Stelle abgedruckt sind, verherrlicht. Er sagt aber auch, dass während jedes Tier eine gewisse Zeit zum Trinken festgesetzt habe, der Deutsche dies Tag und Nacht tue und zugleich ebenso unmäßig der Liebe fröne:

Taurus habet certas potandi tempore leges
Sic equus et, liquidus quem vehit aër, avis:

Sed nos, divina qui cum ratione vigemus
Cur Venus et Bacchus nocte dieque tenent?

In England wurde es besonders in Yorkshire, insbesondere in Leeds und Sheffield unter dem Namen „Spruce Beer“ oder „Black Beer“ getrunken. Dorthin kam es über Hull.

Es existiert noch eine Liste der übrigen ost- und westpreußischen Biere des 16. Jahrhunderts, welche der Vollständigkeit wegen hier abgedruckt werden soll, umso mehr, als die gleich folgenden Namen sehr alt sind. Sie wurden bereits den verschiedenen Bieren unter dem Hochmeister Conrad von Erlingshausen von zwei leichtlebigen Ordensbrüdern gegeben, die als eine Art selbsternannte Bierkommission im Land umherzogen. In Preußen hat man nämlich stets viel Bier getrunken. Schon die alten heidnischen Ureinwohner opferten ihren Göttern Bier und führten Bierzauber zur Überführung von Dieben durch[cxxviii]. Sie gaben ihren verstorbenen männlichen Verwandten ein Schwert und etwas Geld mit ins Grab, damit sie sich unterwegs etwas Gutes tun sollten, indem sie wenigstens ein Brot und eine Kanne Bier kaufen konnten. Ja, im vorigen Jahrhundert existierte in den preußischen Wirtshäusern noch die Vorschrift, dass, wer ausgetrunken hatte, immer wieder von neuem zu trinken anfangen musste, mit der festgesetzten Strafe für den Übertreter: 22 Schilling, eine Seite Speck und ein Scheffel Kringel.

Jene seltsamen Biernamen sind die folgenden[cxxix]:

- Danzig: „Wehre Dich“.
- Elbing: „Schlichting“.
- Königsberg: „Saure Maid“.
- Thorn: „Rolah“ oder „Lorol“.
- Marienburg: „Kälber Zagel“.
- Graudenz: „Krank Heinrich“.
- Dirschau: „Freudenreich“.
- Mewe: “Oh Jammer”.

- Neuburg: “Kyrmes”.
- Stargart: „Spülekanne“.
- Culmen: „Glatze“.
- Neuteich: „Schwente“.
- Gerdauen: „Mammon“ oder „Mumme“.
- Heiligenbeil: „Gesalzen Merten“.
- Braunsberg: „Stürz’en Kerl“.
- Straßburg: „Kirbel“.
- Neumarkt: „Trumpe“
- Tolkemit: „Rorkatter“.
- Mühlhausen: „Krebsjauche“.
- Frauenburg: „Singewohl“.
- Zinter: „Lurley“.
- Friedland: „Wohlgemuth“.
- Schippenbeil: „Nasewisch“.
- Welau: „Sollewurst“ oder „Füllewurst“.
- Bartenstein: „Kühmaul“.
- Rastenburg: „Krewsel“.
- Neydenburg: „Klawenich“.
- Stolpe: „Schmiere nicht“.
- Pautzke: „Rennenkatter“.
- Heldt: „Oh Stockfisch“.
- Schönecke: „Oh Zetter“.
- Ressel: „Bessre Dich“.
- Altenburg: „Dewfel“ oder „Scheufel“.
- Wartenburg: „Lachemund“.
- Altenburg: „Bockingk“ oder „Borge nicht“.
- Guttstadt: „Lieber Herr Lorenz“.
- Heilsberg: „Schreckengast“.
- Libstadt: „Wuistdas“.
- Liebeinülle: „Harlemay“.

- Eylaw: „Wo ist der Magt bet“.
- Hohenstein: „Ich halte es“.
- Creutzburg: „Menge es wohl“.
- Passenheim: „Schlickerei“, „dicke Bier“ oder „Flickebier“.
- Marienwerder: „Bierkatze“.
- Reden: „Sausewind“.
- Meelsack: „Leertasche“.
- Wormdit: „Kynast“.
- Morung: „Ohne Dank“.
- Stum: „Rockenzagel“. (Aus dem dortigen Schloss: „Rockenzagels Mutter“).
- Culmensee: „Kurant“ oder „Tarant“.
- Fischhausen: „Schlepp’enkittel“ oder „Salz es bes“.
- Lobe: „Strutzing“ oder „Spülwasser“.
- Hollandt: „Füllewurst“.
- Osterode: „Dünnebacken“.
- Rosenburg: „Krausemüntze“.
- Lauenburg: „Es wird nicht besser“.

Neben dem Danziger Braunbier wird auch das Elbinger erwähnt sowie das Stralsunder oder Sunder, welches ebenso wie das Barthische in Pommern weithin ausgeführt wurde. Es gab das Stettiner, das Pasewalker, („Pasenelle“ genannt), das Stargardter und das Greifswalder, welches angeblich, um die Köpfe der dort Studierenden nicht allzu sehr zu verwirren, nicht allzu stark gebraut wurde. Ebenso existierte das Demminer, welches Knaust als „sehr gesund“ befand, sowie das Breslauer und Bautzener. Letzteres führte den sonderbaren Namen „Klotzmilch“, was ein Schimpfname war und demjenigen, der diese Beleidigung als erster aussprach, eine Gefängnisstrafe eintrug, welcher aber dem Bier gleichwohl erhalten blieb.

Sehr berühmt waren auch das Schweidnitzer und das Steinauer Weißbier, noch mehr aber das Striegauer, welches weinähnlich schmeckte. Man sagt, dass einst ein Kardinal, der vom Papst nach Polen gesandt war, dort einkehrte, und als er dieses Bier trank, sagte er: „In ganz Italien existiert kein edleres Getränk, auch kein Wein“. Er ließ deshalb alle seine Flaschen damit füllen und nahm sie mit. Knaust kannte diese Biere nicht, ebensowenig das Lippener Bier aus Hinterpommern.

Auch die Görlitzer, Kottwitzer, Bischoffswerder, Laubaner, Lübbener, Kadener, Kamenzer, Zittauer und Freiberger Braunbiere hatten einen guten Namen, und Knaust schreibt, dass sowohl in Berlin als auch in Köln besonders das Märzenbier vortrefflich war. Es wurde von ihm, als er nach dorthin heiratete, fleißig getrunken. Im 17. Jahrhundert hieß es „Kupenbier“, weil man es in großen Kufen aufzubewahren pflegte. Als Beweis dafür, dass es gut war, galt, dass es an einem Gegenstand, der damit begossen wurde, festkleben blieb, und dass es glänzte, wenn es trocken war. Indes blähte es aber sehr. Auch das Bier zu Frankfurt an der Oder mit dem Namen „Stäffelin“ wurde fleißig von den dortigen Studenten getrunken. Doch sagt Dr. Knaust, man tränke dort auch auswärtige Biere sowie Wein. Ein anderes hieß „Büffel“, weil es, im Übermaß getrunken, den Vorderkopf wie bei einem Ochsen so schwer machte.

In der Mark besaß das Bernauer Bier einen noch besseren Ruf, so dass zur Zeit Knausts die Hamburger Kaufleute in ihr Einbeckisches Haus, wo sie sonst mit hohen Kosten für ihre auswärtigen und einheimischen Kollegen allerlei fremde Biere zusammentrugen, dieses ebenfalls heranschaffen ließen. Knaust selbst betrachtete es in erster Linie als ein gutes Sommerbier.

Zu regelrechten Arzneien erklärte er auch die Biere aus Reppin und Gardelegen. Letzteres hieß „Garley“. Es war aus reiner Gerste gebraut, galt als ausgezeichnetes Magenbier und soll besonders auf junge Eheleute anregend gewirkt haben[cxxx]. In der fünf Meilen von Gardelegen gelegenen Stadt Salzwedel oder Soltwedel braute man auch ein köstliches Gerstenbier, welches besonders in der benachbarten Lüneburger Gegend, wo es außer dem Hamburger kein gutes Bier gab, getrunken wurde, und „Soltmann“ hieß.

Von der Stadt Brandenburg schreibt Knaust, die Havel teile diese Stadt in zwei Teile, in die Alte und in die Neue Stadt, welche wiederum eine Brücke verbinde. Mitten darauf stehe ein Haus, worin niemand wohne, das nenne man „den Vocativus für Brandenburg", und daher stamme das Sprichwort: „Was stehest Du hier allein wie der Vocativus für Brandenburg?". Das Haus sei aber ein Gerichtshaus, wo Richter und Schöffen aus den beiden Stadtteilen Brandenburgs, der Alt- und der Neustadt, zusammenkämen, wenn sie auf eine an ihren Schöffenstuhl ergangene Frage Urteil sprechen sollten. Das Bier, das man hier trank, war stark, und es stieg den Leuten zu Kopf. Man nannte es „Alter Claus", angeblich, weil es diejenigen, welche es tranken, schläfrig und feige machte. Im 17. Jahrhundert wurde ein Hamburger Bier ebenfalls so genannt, ob aus demselben Grund, kann ich nicht sagen.

Das Stendaler Bier, welches auch in den Dörfern rund um die Stadt getrunken wurde, hatte ebenfalls einen guten Ruf. Seinen Namen „Taubentanz" kann es aber im 16. Jahrhundert noch nicht gehabt haben, wenigstens weiß Knaust noch nichts davon. Das Tangermünder Bier wurde auch sehr gelobt, es hatte aber einen hässlichen Namen, nämlich „Kühschwanz", den übrigens auch das Delitzscher führte.

Vom Rostocker Bier, welches „Oehl" hieß, sagt Dr. Knaust, dass es ebenso gut im Sommer wie im Winter sei und dass es er es besonders bekömmlich fand und dass es auch keinen Kopfschmerz verursache. Es werde gleichermaßen in Mecklenburg wie in Kopenhagen getrunken. Qualitativ schlechter waren das Wismarer, Schweriner und das Güstrower Bier, obwohl letzteres etwas besser als das Schweriner war. Im 17. Jahrhundert braute man hier auch ein dickes und fettes Weizenbier, welches leicht berauschte. Es hieß „Knisenack", was ein slawisches Wort ist und so viel wie „Herrenbier" bedeutet. Das Bremer Braunbier konnte Knaust aus eigener Erfahrung empfehlen. Das Lübecker Braunbier schmeckte wie ein Gewürzbier und wurde im Sommer weit in andere Länder ausgeführt. Nicht so gut war das Lüneburger, aber dafür hatte man dort im Ratskeller zur Zeit Knausts ein besser gepflegtes Hamburger Bier als in Hamburg selbst.

Nun kommt er auf die Stadt Braunschweig zu sprechen, welche damals ebenso berühmt war wie Nürnberg und Erfurt, so dass man von ihr den Reim kannte:

„Braunschweig, werstu wasserreich.
Wo würd man finden Deins gleich?"

Dort wurde im 16. Jahrhundert schon jene heute noch berühmte „Mumme" gebraut, ein schweres, kräftiges und zu Liebeswerken reizendes Braunbier, welches aber so gut haltbar war, dass es unverdorben bei Äquatorfahrten und sogar bis nach Ostindien ausgeführt wurde. Über den Ursprung des Namens ist viel fabuliert worden. Einige sagen, wegen seiner Haltbarkeit habe man es mit den ägyptischen Mumien verglichen, und daher heiße es „Mumine". Andere wiederum glauben, der Mann, der es zuerst gebraut hatte, habe Mumme geheißen, weil eine Familie dieses Namens bis ins 19. Jahrhundert noch zu Braunschweig existiert hat. Eine scherzhafte Erklärung gibt aber ein Anonymus in seiner Schrift *„Biere-logia"* (S. 4 ff.) Daher wollen wir seine Worte hierher setzen: „Von der Braunschweigschen edlen und wohlschmeckenden Mumme und deren Eigenschaften etwas kürzlich zu schreiben, wodurch dieses berühmte Getränk seinen Namen bekommen hat, so muss man wissen, dass unter den Braunschweigschen Brauern deswegen ein großer Streit gewesen war, wie sie ihr gebrautes Bier mit einem würdigen Namen benennen wollten, weil solches vor anderen Bieren einen sonderlichen Vorzug und lieblichen Geschmack, aber auch eine wirkende Krafft besaß. Sie haben daher einen Tag bestimmt, an welchem sie alle in einem Brauhaus zusammenkommen und dem Kind einen rechten Namen geben wollten, und wie es derjenige nennen würde, welcher zuletzt käme, dabei solle es bleiben. Als nun während ihrer Versammlung zeitgleich der Hirte das Vieh ausgetrieben hatte, kam der Bulle oder Ledermacher plötzlich als der Letzte ins Brauhaus gelaufen, und er hat nach seiner natürlichen Gewohnheit gebrüllt wie ein Ochse, und diese Worte von sich gegeben: ‚Muhm, Muhm, Muhm!', und mit diesem Namen mussten die Brauer zufrieden sein, weil sie ihren festen Entschluss nicht umstoßen konnten, denn es sollte bei des Letzten Ausspruch bleiben."

Wie dem auch sein mag, zur Zeit Knausts braute man dort zwei Sorten: die einseitige (oder gewöhnliche) Mumme, die im Sommer als guter Kühltrank und als durstlöschend berühmt war, und die doppelte Mumme, die viel stärker war und nicht so leicht Harnstrenge (Harnverhaltung) wie die erstere erzeugte. Die zweite Sorte war fast so dick und so süß wie ein Sirup. Man trank sie besonders des Morgens anstelle von Kaffee oder Tee, zuweilen vermischt mit einem Aufguss von Blüten der Deutschen Akazie als eine Art Frühjahrskur.

Im 17. Jahrhundert braute man im März außerdem auch noch die „Ernte-Mumme" und trank sie von April an den gesamten Sommer hindurch. Sie war stärker als die einfache Mumme und zeichnete sich besonders durch ihre schöne Farbe aus. Eine vierte Sorte war die sogenannte „Schiffs-Mumme". Sie wurde etwas anders gebraut und war zum Export über das Meer bestimmt. Diese hieß auch „Englische Mumme", weil sie früher sehr viel nach England ausgeführt wurde, wo man früher bekanntlich wenig Hopfenanbau trieb. Als nun aber eines Tages von Braunschweig Hopfen mitsamt der Anleitung zum Anbau dieser Pflanze nach England kam und man hier anfing, selbst solchen zu kultivieren und nunmehr selbst sehr gutes Bier braute, hörte zwar jene intensive Ausfuhr dieser Biervariante auf, aber ihr Name blieb erhalten. Die fünfte Sorte war die „Kirschmumme". Sie hieß so, weil man Kirschen zerquetschte und in ihr ziehen ließ. Sie war aber nicht sonderlich bekömmlich und rief bei vielen Leuten Erbrechen hervor. Merkwürdig ist es, dass es niemals andernorts geglückt ist, eine der Braunschweiger ähnliche Mumme zu brauen[cxxxi], obwohl zuweilen von guter Wismarer Mumme die Rede ist.

Unter allen leichten Sommerbieren oder hopfigen Gerstenbieren hatte aber das in der Hauptstadt des Fürstentums Grubenhagen-Einbeck im 17. Jahrhundert gebraute Einbecker Bier den Vorzug. Das dritte Getreide, welches man zu seiner Herstellung verwendete, war Weizen. Dieses Bier wurde weit exportiert, und bekanntlich trank Martin Luther es gerne.[cxxxii] Deshalb ließ ihm auch einst Herzog Erich von Braunschweig, obwohl ein Anhänger des Papstes, eine Flasche solches Bier reichen, weil Luther das Verhör auf dem Reichstag zu Worms so mutig überstanden hatte. Daraufhin bedankte sich Luther: „So wie Herzog Erich heute an mich gedacht hat, so wird Gott auch Erichs in seiner letzten Stunde gedenken." Erich habe dann zwar zwanzig Jahre lang die Lutheraner verfolgt, aber in seiner Sterbestunde sich Luthers reumütig erinnert und ein seliges Ende gehabt.

Dieses Bier nährte, es machte jedoch nicht dick, stieg auch nicht in den Kopf, und es konnte deshalb auch von Fieberkranken getrunken werden, obwohl es stark auf die Blase wirkte. Es erzeugte auch „kalte Pisse“ oder Netze (quälenden Harndrang, ohne urinieren zu können). Knaust schreibt, dass seine Vaterstadt Hamburg diesem Bier zu Ehren ein gewaltiges, königliches Haus über dem Weinkeller erbaut hatte, welches sie das „Einbeckische Haus“ nannten, weil man dort meist Einbecker Bier, freilich auch auswärtige Biere wie Danziger, das man hier „Joben-Bier“ nannte, Rostocker und Bernauer ausschenkte. Man sagte von ihm: „Einbecker Bier ist ein starkes Tier“.

Das Göttinger Bier wurde ähnlich gebraut. Nur war hier das vierte Korn zu seiner Herstellung Weizen, ebenso wie beim Osterwicker oder Osteroder, dem Stolberger und endlich dem Wernigeroder Bier, welches indes den hässlichen Namen „Lumpenbier“ führte. Vom Quedlinburger Bier sagt Knaust, dass er es oft, wenn er seinen alten Stubenburschen aus Wittenberg, Christian Steinacker, besuchte, der in Quedlinburg Ratsherr war, bei ihm getrunken habe und es ihm stets sehr wohl mundete.

Weiterhin erwähnt er das Halberstädter, Blankenburger und das Dernburger Bier, welches letztere „Störtenkeerl“ („Stürz den Kerl“) hieß, und er sagt dann vom Gandersheimer und Helmstädter, dass es besonders den Professoren und Magistern an der dortigen Schule sehr wohlgeschmeckt habe und gut bekommen sei. Er meint auch, das Heiligenstädter auf dem Eisfeld lasse sich gut trinken, wenn auch sowohl in Heiligenstadt als ringsumher in den Klöstern Reifenstein, Gerode, Stein und anderen eher das Duderstädter getrunken wurde, ein schmackhaftes Herrenbier. Letzteres habe übrigens die Eigenschaft, dass, wenn anderen Bieren, welche nicht gerne gären wollten, Duderstädter Hefe beigegeben wurde, sie sofort zu brausen begännen. Ebenso, wenn ein anderes, fremdes Bier auf Duderstädter Hefe gelegt werde, bestehe keine Gefahr, dass es faulig oder sauer werde. Man sagte übrigens diesem Bier ebenso wie dem Rintelner nach, dass es den Magen erkälte, und man trank daher gewöhnlich einen Schnaps darauf.

Bei Knaust finden ebenfalls noch Erwähnung: das Mannsfelder, noch mehr das Eislebener – ein starkes, aber ungesundes Bier –, „Crabbel an dei Wand" genannt, das Leimbacher, welches „Oh wie" hieß, das Dessauer, Bernburger, Kottener, Ackerner, Askaner, Großenseltzener, Schönbecker, Haimischer, Ballenstädter, Armschlebener, Kasseler sowie das Marburger Bier. Von letzterem, das „Juncker" hieß, erzählt er, es werde vorzugsweise nach Frankfurt am Main ausgeführt, und es sei eine köstliche Gabe Gottes für die dortigen Studenten, denn sie tränken nicht gerne Brunnenwasser, dieses Bier sei viel besser.

Die Friedeberger und Butzbacher Biere werden von ihm auch sehr gelobt. Vom Würzburger wird aber gesagt, man habe es erst zu Zeiten Doktor Knausts angefangen zu brauen, weil der Wein in dieser Stadt etliche Jahre lang nicht geraten war. Es steht aber qualitativ unter dem weit älteren Bamberger Bier, welches man auch in Frankfurt, Nürnberg und Mainz bekam. Knaust trank es in Frankfurt, und er meint, er lasse es sich gefallen, weil man froh sein kann, in den Weinländern überhaupt Bier zu bekommen.

Unter den westfälischen Bieren, die im Allgemeinen gut waren, hatten das Mindener, Mündener, Hamelner und Höxteraner einen guten Namen. Im Fürstlichen Stift Corvey saß damals als Fürstabt Reinhard Buchholtz. Seine große Gelehrsamkeit und Geschicklichkeit in der Dichtkunst rühmt Knaust nicht weniger als seine Herrschertugenden, die man, wie er meint, sonst nur selten bei Adeligen und Edelleuten zu finden pflege. Hier wurde ein treffliches Bier gebraut, neben welchem man indes auch Einbecker trank. Dort sah Knaust auch auf einem der Böden ein ungeheures Eichenfass hoch aufgerichtet stehen. Darin gingen nicht weniger als zwanzig gewöhnliche Braunschweiger Mummenfässer, und es diente dem Fürstabt dazu, stets einen Vorrat alten Bieres zu haben.

Das grünliche Paderborner, das Tecklenburger („Gruising" genannt), das Söstische, Neusser, Weidenburger und Münsteraner Bier hat Knaust nicht selbst getrunken. Das gilt ebenso für das Osnabrücker, welches man „Bruse Puse“ nannte, weil es nur mit wenig Hopfen, dafür aber umso mehr Waldmyrte („Porsse“ genannt) gebraut wurde. Er sagt jedoch, es hätten all diese Biere einen guten Ruf. Ganz besonders hätten der König der Wiedertäufer, Johann von Leyden, und ihr Herzog Knipperdolling die Belagerung Münsters nicht so lange aushalten können, wenn sie das gute Münsterische Stadtbier, „Koite“ genannt (nach dem holländischen Wort „Kuyt“ d. h. „Bier“), nicht gehabt hätten. Das Kölner kannte Knaust auch nicht aus eigener Erfahrung, aber das Mainzer fand er sehr leicht und minderwertig. Dagegen spricht er über das Wildunger in Waldeck gar nicht, obwohl es im 17. Jahrhundert berühmt war[cxxxiii], ebensowenig beschreibt er das Bad Salzuffelner. Das Magdeburger braune Märzenbier soll ausgezeichnet geschmeckt haben, wenn man es bis Pfingsten oder bis zum Johannistag liegen ließ. Es übertraf dann das Zerbster bei weitem, welches in Magdeburg auch häufig getrunken wurde.

Ein beliebtes Bier war auch der Hallische ungesunde „Puff“, weil er dem, welcher dessen zuviel trank, einen tüchtigen Puff versetzte. Knaust meint, wer zu Wittenberg studiert habe oder eine Zeitlang dort gewesen sei, müsse auch das dortige Bier loben, und weit und breit in Deutschland existiere kein besseres Bier, bei dem mehr gelehrte Leute in vierzig oder fünfzig Jahren herangewachsen wären als eben bei diesem Wittenberger. Freilich habe es mittlerweile den Anschein, als sei es nicht mehr so gut wie früher. Im 17. Jahrhundert hieß es „Guckguck“ oder „Kuckuck“, und es galt als blähend, Kopfschmerzen erzeugend und berauschend (S. 55).

Sehr nahrhaft und gesund fand Knaust in Magdeburg das wohlschmeckende Zerbster Bier, welches man dort aus den sogenannten „Zerbster Krügen“ trank. Er meint aber, es bleibe gerne im Menschen sitzen. Wer also eine schwache Blase habe, dürfe es nicht trinken. Indessen wurde dieses Bier lange zuvor schon im Mittelalter viel konsumiert[cxxxiv], und es wurde bis ins 18. Jahrhundert häufig nach Ost- und Westindien exportiert. Man nannte man es seines gewürzhaften Geschmacks wegen auch „Würze“. Von ihm kannte man folgendes Sprichwort:

„Zerbster Bier und Rheinischer Wein
Dabei wollen wir lustig sein.“

Weitere Verse darüber sind:

Si Servestani quis culpat pocula zythi
Illi nec cerebrum nec caput esse prodest;
Renibus et nervis cerebroque hic humor amicus
Nulla unquam leprae semina foeda jacit.

Ein späterer deutscher Dichter hat diese Zeilen so übersetzt:

Wer nicht das Zerbster Bier nach Würden will erheben,
Dem aller Rebensaft nicht zu vergleichen ist,
Der muss ohn' allen Witz und ohne Sinne leben,
Ich sage, dass er gar Gehirn und Kopf vermisst.
Dies sehr gesunde Bier verschleimet nicht die Nieren,
Es schad't nicht dem Gehirn mit böser Feuchtigkeit
Und wer es öfter trinkt, der wird zuletzt verspüren
Dass er durch diesen Trank vom Aussatz sei befreit.

Nebenbei bemerkt müssen die Frauen dieser Stadt nicht ganz ohne politischen Einfluss gewesen sein, denn es existiert folgender Spruch über sie:

Wer zu Zerbst will ein Bürger sein,
Muss seiner Frau hübsch Untertan sein.

In Thüringen war das Naumburger Bier das berühmteste. Es war sehr nahrhaft, gab den Menschen eine natürliche Wärme, stieg aber leicht zu Kopf, weshalb man von ihm sagte, es mache die Leute blind. Knaust, der es an der Quelle trank, lobt es sehr und sagt, es verdiene den Ruhm vollkommen, welchen ihm das Sprichwort nachsagte:

„Naumburger Bier ist der Thüringer Malvasier“ [cxxxv].

Das Erfurter Bier, „Schlunz“ genannt, war schmackhaft, nahrhaft, von guter Farbe und Geruch, und lieblich zu trinken. Knaust erzählt, es sei sehr oft von Leipzig, wo er studierte, ein Blutsfreund, Magister Ludolph Prigius, ein gelehrter Mann und Poet, nach Erfurt gekommen. Dem habe der „Schlunz“ so gut geschmeckt, dass er zu sagen pflegte, er verwundere sich, warum die Erfurter fremdes Bier von anderswo herholten, da sie ja in ihrer Stadt so gutes Bier selbst brauen konnten. Er bediente sich auch oft des Sprichwortes: „Schlunzius, du schmeckst mir wohl in meinem Muntzius“. Er sagte dazu: „Ein guter Reim bleibt wegen eines (falschen) Wortes doch unverdorben“.

Dagegen hält sich der unbekannte Verfasser jener (fälschlich dem berühmten Eoban Hesse zugeschriebenen) Satire auf die Geistlichkeit und die Gelehrten zu Erfurt, *„De generibus ebriosorum“* (1516), über dieses Bier auf. Er sagt, es habe seinen Namen „Schlunz“ davon, weil die, welche es unmäßig tränken, selbst unverständlich, unsinnig, ja unvernünftig und unlenksam (indeclinabiles) würden. Er führt auch folgendes damals bekannte Distichon darüber an:

Ah pereat, crassam praestet quicunque sodali
Schlunz Rydegern, nunquam vina maraca bibat.

Ach verdammt sei, wer seinem Kamerad den dicken
Schluntz Rydegern gibt, nie möge er reinen Wein trinken!

Übrigens riefen hier einst offizielle Bier-Rufer mit Tressenhüten den Preis und den Namen des Brauers aus, der aufgetan hatte.[cxxxvi] Zu Knausts Zeit braute man zu Erfurt auch ein gutes Hausbier. Dieses durfte jeder Biereigner oder Brauer, außer dem einen Gebräu Braunbier, welches er offiziell pro Jahr brauen durfte, das ganze Jahr hindurch herstellen, so oft er nur wollte.

Ansonsten trank man damals zu Erfurt ebenfalls noch das Bier aus Neustädt an der Orla. Auch die Dorfbiere von Stetten, Linkquitz, Patkendorf, Greussen, Kindelbrück, Weißensee und Sömmern waren von bekannter Güte. Über Jena schreibt Knaust, es wachse hier sehr guter Wein (?), und obgleich das am Ort gebraute Bier dem Wittenberger an Qualität nachstehe, so habe doch die dortige Universität manchen Gelehrten in Deutschland hervorgebracht, der beim Jenaer Bier erzogen, erwachsen und zum Mann geworden sei. Dieses Bier bekam später den Namen „Klatsch", und es mundete den dortigen Studenten weit mehr als das auf den bei Jena liegenden Dörfern gebraute Gerstenbier, welches „Jenischer Dorfteufel" genannt wurde. Ein anderes hieß „Maulesel". Von diesen Dorfbieren war übrigens das Ammerbacher das berühmteste, wiewohl auch das im Dorf Cospita gebraute, sehr süße und so dick wie Öl oder Fett aussehende Dorfbier, „Menschenfett" genannt, bei den Studenten überaus beliebt war.

Das später so berühmte Lichtenhayner und das (einfache) Ziegenhainer Bier scheint Knaust noch nicht gekannt zu haben, wiewohl es ebenso wie der Eislebener „Mord und Totschlag", das Leipziger „Rastrum" und der Wittenberger „Kuckuck" zu den ungesunden Bieren (es lag am Wasser) gezählt wurde.[cxxxvii] Ansonsten erwähnt Knaust noch das Weimarer, Gothaer, Eisenacher, Nordhausener, Mühlhausener, Frankenhausener, Sondershausener, Sangerhausener und Sulzer Bier als nicht zu verachten. Freilich sei eines immer ein wenig besser als das andere. Doch schreibt er auch, man finde an allen diesen Orten stets einen guten Trunk Wein und ebenfalls auswärtige Biere, z. B. das Torgauer, Hamburger und Einbecker Bier sowie die Hamburger und die Braunschweiger Mumme.

Auch im Kurfürstentum Sachsen[cxxxviii] gab es im 16. Jahrhundert berühmte Biere. Knaust schreibt darüber: „Das Land zu Meißen steht keinem anderen Land nach an der Zahl, Mannigfaltigkeit, Güte und Vortrefflichkeit seiner Biere, doch lässt sich ein Bier besser im Sommer, das andere eher im Winter trinken, wie man diese Regel grundsätzlich von allen Bieren verstehen muss. Denn kein Bier ist in der Welt so gut, dass es zu allen Zeiten und für alle Naturen stets gleich gut und gesund zu trinken ist. Es ist auch kein Bier so minderwertig, dass es nicht zuweilen wie das allerbeste schmeckt, denn Backen und Brauen gerät ungleich und nicht jederzeit gleich gut. So gilt alles und wird geachtet, je nachdem, wie der Ort, die Stelle und die Zeit sind."

Unter den sächsischen Bieren galt das Torgauer, dessen Geschmack und Geruch waren, als ob es gewürzt sei, wegen seiner Stärke und Güte als das Beste. Man sagte davon: „Torgauer Bier ist der Armen Malvasier". Zur Zeit Martin Luthers[cxxxix] verbrauchte der Kurfürstliche Hof zu Torgau täglich fünf Fässer Torgauer Bier (500 Scheffel Hafer wöchentlich sowie 25 Zentner Zucker jährlich; ein Torgauer Scheffel entspricht ca. 66,11 Liter). Ihm ähnlich war das Belgerner, von dem das lateinische Sprichwort existierte: „Belgerana est omnibus sana" (Belgerana ist für jeden gesund.) Auch das Freiberger rechnet Doktor Knaust zu den besten Bieren, und er führt das Sprichwort davon an: „Es leckert einen das Freiburgische Bier." Das Wurzener war auch sehr berühmt, ebenso das Zwickauer, Joachimstaler, Schneeberger, Annaberger, Czohopffische (Zschopauer?) und das Chemnitzer. Das Leipziger Braunbier, meint Knaust, werde auch gerne getrunken, es führe aber einen Spottnamen, nämlich „Rastrum", welchen ihm sein Bruder „Studium" gegeben habe. Wenn man es aber saufe und nicht trinke, mache es einem ein „Rastrum" (= „Hacke" oder „Karst") im Kopf. So hieß dieses bis ins 19. Jahrhundert noch gebraute, zuletzt aber fast nur noch von Fuhrleuten und Handwerkern getrunkene Bier schon zur Zeit der Abfassung der bereits erwähnten Schrift *„De generibus ebriosorum"*. Dort steht, es habe seinen Namen von den Studenten erhalten, weil es, ebenso wie die Bauern mit Spaten, Hacken und Karsten den hart gewordenen Erdboden umgraben, alle Eingeweide durch seine Essigsäure in Bewegung setze, angreife und verderbe. Zu jener Zeit gab es drei Sorten, welche in folgendem Vers zusammengefasst wurden:

„Eyn Topf scherpentum zwen rastrum dat span que coventum."

Dieser Trunk scheint auch am Ende des 17. Jahrhunderts nicht besser geworden zu sein, sonst hätte der Dichter Taubmann nicht folgende Verse darüber verfassen können:

Non propter rastrum, sed propter amabile rostrum
Virginis, ad rastrum plebs studiosa venit.

„Nicht wegen des Rastrum,
sondern wegen der liebenswürdigen Schnäbel der Jungfrauen,
kommt die studierende Jugend zum Rastrumtrinken."

Kurfürst August wollte einst an Stelle des Rastrums Torgauer Bier in Leipzig brauen lassen, aber das Wasser war dort zu schlecht.

Schließlich nennt Knaust noch das Prager Braunbier, welches sehr stark war, obwohl es „Covent"[1] hieß, sowie das in jener Stadt ebenfalls getrunkene Rackonitzer. Tatsächlich probiert hatte er es indessen ebensowenig wie das von ihm lediglich vom Hörensagen gelobte Stockholmer. Nur das Kopenhagener kostete er an Ort und Stelle, von welchem aber Fischart im *„Gargantua"* schreibt:

Und wer des Weins nicht trinken mag,
Der ist nicht unsers Fugs,
Der zieh ins Bierland Koppenhag,
Da find er bös' Bier gnug.

Das Ortrandter hat Knaust gar nicht gekannt. Das Lievländische Bier, welches man, wie er sagt, zur Zeit des „Deutschen Ordens" dort buchstäblich gesoffen habe, erwähnt er schließlich auch noch als sehr beliebt zu seiner Zeit.

Von den Lievländern berichtet der Verfasser der *„De generibus ebriosorum"*[cxl], es herrsche dort unter den Hofleuten und Adeligen, welche meist zu der leichtlebigen Gesellschaft des „Deutschen Ordens" gehörten, folgende Sitte: Wo sie zusammenkamen, setzten sie sich in langen Reihen in einen Halbkreis, und der Vorsitzende dieser Gesellschaft wendete sich mit einem ungeheuren Humpen voll Bier in der Hand zu seinem Nachbarn und sagte: „Et gilt, myn leve stalbroer". Daraufhin entgegnete dieser: „Sup, myn leve stalbroer, ick wil't gern hefen". Wenn Letzterer aber dann ausweichen und nicht trinken wollte, dann zog der Erste den zu diesem Zweck mitgebrach-

[1] So nannte man eigentlich dünnes Nachbier. (Anm. Frank-Daniel Schulten).

ten Dolch und stach den anderen nieder. In der Regel aber ging es so in der Reihe fort, dass immer einer dem anderen nachfolgte, und wenn sie alle durch waren, fingen sie wieder von vorne an, und weil viele mehr tranken, als sie vertrugen, so kamen sie oft beim Trinken um und wurden tot hinausgetragen, was die anderen aber nicht hinderte, weiterzutrinken. Dies war also eine Art Bierspiel oder Saufcomment (= ritualisiertes Trinkgelage).

So groß nun auch das vorhergehende Verzeichnis der vom „Bierkommissar“ Knaust verkosteten Biere ist, so haben wir doch noch längst nicht damit die Gesamtmenge der im 16. Jahrhundert getrunkenen Sorten erschöpft. So nennt z. B. der Verfasser des oben erwähnte Werkes *„De generibus ebriosorum“* (a. a. O.) noch die folgenden, damals bereits als kurios betrachtete Namen:

- „Quitschart“,
- „Kelberzagel[cxli]“,
- „Staffeling“,
- „Beyderwan“,
- „Schlipschlap“,
- „Fitscherling“,
- „Stampff in die Aschen“,
- „Batzmann“,
- „Hotenbach“,
- „Glückelßhan“,
- „Sperpype“,
- „Horlemotsche“,
- „Stroheingen“,
- „Bastart“,
- „Rutetop“,
- „Helschepoff“,
- „Lorch“,
- „Itax“,
- „Salat“,

- „Streckepertzel“,
- „Fertzer“,
- „Rolingsbyer“,
- „Vaseman“,
- „Koervinck“,
- „Kreßen“,
- „Mortpotner“,
- „Reyßekopff“,
- „Fidelia“,
- „Lötenaße“,
- „Hartenacke“,
- „Breypott“,
- „Mückensenff“.

Er schreibt, allein schon die Namen dieser Biere zu hören, mache die Biersäufer (birolatrones) ganz zispelig, so dass sie bei ihrer bloßen Erwähnung bereits Durst bekämen. Er selbst ist freilich kein Biertrinker gewesen, denn nachdem er erwähnt, dass in ganz Norddeutschland, obwohl man dort auch vortrefflichen importierten Wein trinken könne, doch das Bier als Getränk bei weitem überwiege, nennt er es eine „dicke, den menschlichen Körper schädliche Flüssigkeit, welche ein böser Dämon zum Verderben der Menschheit erdacht hat, damit dadurch – ebenso wie durch ein pestbringendes Gift – die hervorragendsten Genies vernichtet werden sollten“[cxlii].

Die meisten dieser Biere wurden im 17. und 18. Jahrhundert noch getrunken. Aus einer Schrift über die Namen der bekanntesten Getränke jener Zeit[cxliii] fügen wir hier noch an: das „Kolberger Black“ (weil es so schwarz wie Tinte aussah), das starke „Wolliner“(„Bockhänger“ bzw. „Rachenputzer“ genannte Gebräu), welches gerne einen Katzenjammer hinterließ, sowie den „Bruynen Barendt“ („Brauner Bernhard“) in Friesland, von dem es hieß, es mache die Gesichtsfarbe braun. Auch in Schleswig-Holstein zu Eckernförde wurde ein merkwürdiges Bier gebraut, welches „Cacabulle“

oder „Kackebelle“ hieß und über dessen Namen und Wirkung folgendes Distichon existiert:

Cur Eckefordensis potus Cacabella vocatur?
Nonne, quod haec bene pota cacare facit?

Warum heißt das Eckernförder Getränk Cacaballa?
Nicht wahr, darum, weil es, getrunken, gut Kacken macht?

Des Weiteren kennt man noch den „Kyritzer Mord und Totschlag“. Dieses Bier berauschte stark und regte zum Streit an, auch wenn man noch so wenig davon trank. Der Grund dafür war das ungesunde Wasser, das man zu seiner Herstellung verwendete.

Man erzählt sich darüber folgende Geschichte[cxliv]: Der Kyritzer Superintendent hatte einen so großen Kirchenbezirk, dass es ihm nicht möglich war, jährlich häufiger als einmal jedes einzelne Dorf zu besuchen und dort bei den Pfarrern Inspektion zu halten. Da kam er einstmals zu einem Gottesmann in seinem Bezirk, der aber eine „gläserne Bibliothek“ mehr liebte als eine papierne, um ihn zu überprüfen. Er fragte ihn, womit er sich beschäftigt habe während der Zeit, in der er ihn nicht hatte besuchen können. Nachdem dieser lange nachgedacht und seinen Gedanken eine lange Audienz gegeben hatte, sagte er, er wolle sein Manuskript suchen und es vorzeigen. Er suchte eine ganze Stunde und dann noch eine weitere in allen Winkeln seines Hauses, jedoch vergebens. Als er schließlich ohne irgendein Manuskript zurückkehrte, sagte er: „Meine Kinder haben es wahrscheinlich verlegt oder sogar verloren.“ Damit war aber sein Schulinspektor nicht zufrieden, sondern er erwiderte: „Nun, da wirst du doch dein Konzept noch im Kopf haben, und ich befehle dir, mir dieses in wenigen und kurzen Worten herzusagen.“ Der Pastor bemerkte darauf, er habe sich vorgenommen, das Vaterunser zu ergänzen. Als dies der Inspektor hörte, sagte er: „Wahnsinniger Mensch, weißt du nicht, dass du von Gottes Wort weder etwas wegnehmen noch etwas hinzufügen darfst? Sag mir wenigstens, auf welche Weise und in welcher Beziehung du dies tun willst?“ Sogleich sammelte sich der Geistliche und antwortete mit folgenden Worten: „Meine Absicht war, es auf folgende Weise und mit folgenden Worten zu vermehren: ‚Vater Unser, der du bist im Himmel etc., gib uns unser tägliches Brot und überdies täglich noch zwei Stübchen jenes vortrefflichen Bieres, welches man Mord und Totschlag nennt, denn der Mensch kann nicht bloß vom Brot leben, er muss auch etwas zu trinken haben'." Als der Inspektor diese Blasphemie des Gottlosen vernahm, unterbrach er sofort dessen Vaterunser mit den Worten: „Geh zum Henker mit deiner irren Lehre!", und er enthob ihn augenblicklich seiner Ämter.

Als Gegensatz dazu braute man am selben Ort ein zweites Bier: „Fried' und Einigkeit" genannt.

In Bezug auf das Helmstädter Bier ist man schon im 17. Jahrhundert nicht recht sicher gewesen, ob das früher dort gebraute Weiß- oder Braunbier den sonderbaren Namen „Clepit" oder „Clapit" (Klaps?) geführt hat. Zur Zeit Meiboms stand es in sehr schlechtem Ruf, denn er verfasste darüber folgende Verse (in seiner *„Prosopopeïa cerevisiae Gardelegensis"):*

"Noxius est tenuis labens in viscera potus
Corporis is vires, robur et omne clepit,
Hinc olidi ructus et flaccescentia membra
Turgidus hinc hydrops et luis omne genus."

„Dieser dünne, in die Eingeweide fließende Trank ist schädlich,
er nimmt die Kräfte und alle Stärke des Körpers weg,
davon kommen das ölige Aufstoßen und das Schwinden der Glieder,
davon die anschwellende Wassersucht und alle Arten Seuchen."

Später aber scheint dieses Weizenbier besser geworden zu sein, und es wurde dem Halberstädter „Breyhan" vorgezogen. Man dichtete darauf diesen Vers:

Garlia bibit homo, caetera animantia Klappit.

Garley trinkt der Mensch,
die anderen Lebewesen Klappit.

Indessen hieß später auch das Helmstädter Braunbier – ein Bitterbier – „Clapit", denn es existierte darüber folgender Vers in Küchenlatein:

Crux tibi signat Clapit,
Witkrantius tibi dat Schietsack

Das Kreuz wird ausgehängt, als ein Zeichen des Braunbieres oder Clapits, ein weißer Kranz aber, wenn Weißbier oder „Breyhahn" („Schietsack") zu bekommen ist.

In Mecklenburg gab es zwei kuriose Biere: „Clune" und „Pipenstael" (Pfeifenstiel) genannt. Das berühmte Schweidnitzer Bier hieß „Stier", das Lizeroder „Auweh", das Grimmaer „Bauchweh" und das Osnabrücker „Bürste". In Königslutter braut man bis zum heutigen Tag ein weißes, angenehm schmeckendes und stark harntreibendes Weizenbier. Es wird „Duckstein" genannt, nach jenen Tuffsteinfelsen, aus welchem die Lutter entspringt und welcher dem Wasser seinen Charakter verleiht.

In Wolgast braute man „Hösing", zu Dassel im Braunschweiger Land den sogenannten „Hund", weil dieses Bier nach seinem Genuss im Leib knurrte. „Kater" hieß das Bier aus Stade, wahrscheinlich, weil der, welcher zu viel davon trank, einen Kater oder Katzenjammer bekam. Der Wettiner „Keuterling" (durch Wortversetzung = „ein gut Kerl"), ein Gerstenbier, zeichnete sich durch einen guten Geschmack aus. Es vertrieb Verstopfung und Steinbeschwerden und schützte gegen Gicht.[cxlv] In Königsberg tranken die Studenten den eigens für sie gebrauten, leicht berauschenden „Kolleter". In Mölln, der Vaterstadt Till Eulenspiegels, braute man die „Laucke", und in Braunschweig stellten die Geistlichen ein Braunbier her, das „Papenkovent" hieß. Von ihm erzählte man sich, dieses Bier lasse sich nicht verkaufen, denn sobald die Gottesmänner ein Maß davon verkauften und Geld dafür nähmen, werde es sauer. Im dortigen „Kloster zum Heiligen Kreuz" braute man außerdem ein sehr süß schmeckendes und wohlriechendes braunes

Gerstenbier, welches den lateinischen Namen „Tibi Soli“ („Für dich allein“) führte.

Über den Ursprung des Namens „Rahmenach“, welchen das Glückstädter Bier führte, erzählt man sich: Einst habe einst ein König von Dänemark den Glückstädter Bürgern befohlen, eine Art Hamburger Bier zu brauen. Als sie es ihm nun zum Kosten gaben, sagte er: „Es rahmet ihm was nach“[2], und daher sei der Name entstanden.

Das weinartig und lieblich schmeckende, aber leicht berauschende Ratzeburger Bier hieß „Rammeldeus“ oder „Rommeldies“, weil man von denen, welche es im Übermaß tranken, sagte, „sie hätten sich einen Rummel getrunken“. Im Land Hadeln desselben Herzogtums Lauenburg braute man ein Bier, welches „Sähl den Kerl“ hieß. Im Kloster Rittershausen bei Braunschweig wurde ebenfalls ein sehr angenehm schmeckendes Gerstenbier gebraut, welches „Schüttekappe“ hieß. Das zu Kiel von den dortigen Studenten getrunkene Bier hieß „Witte“. Einen ähnlichen Namen – „Wittenkiel“ – führte das ziemlich dünne Weißbier aus Schöningen im Braunschweigischen, welches aber auch „Toten-Kopf“ hieß.

Von dem dickflüssigen und berauschenden Nauener Bier, „Zitzenille“ genannt, dichtete man:

Wer Zitzenille trinken will
Der muss drei Tage liegen still.

Eine Beschreibung der zu Anfang des 17. Jahrhunderts getrunkenen Biere finden wir auch bei Coler in seinem Hausbuch[cxlvi]. Einige davon kennen wir bereits.

---

[2] Zu Beginn des Gärprozesses bildet sich in der Maische eine helle, cremige Schicht. Diese Phase wurde in der alten Brauersprache „rahmen“ genannt. Siehe z. B.: Serviere, Joseph: *„Der theoretische und praktische Kellermeister“*, Frankfurt/Main 1828, S. 249. Auch der Bierschaum wurde früher als „Rahm“ bezeichnet. (Anm. Frank-Daniel Schulten).

Er schreibt, das Bernauer sei zu Anfang nicht gut, sondern es werde es erst nach Simonis Judae (28. Oktober), und so bleibe es bis Michaelis (29. September des Folgejahres), dann auch von Martini (11. November) bis Bartholomaei (24. August). Es sei aber zu hitzig und mache leicht trunken. Das Pöltzener Bier sei rein, ebenso das Spandauer, welches überdies den Urin treibe und guten Schlaf mache.

Das Ruppiner, welches die Frauen gerne tranken, taugte in der Stadt Ruppin selbst nicht. Wenn man es aber auf Wagen fuhr und anschließend klar werden ließ, wurde es besser, und sogar noch besser, wenn man es dann ein zweites Mal fuhr. Am besten war es in der Zeit von Michaelis bis Pfingsten.

Das Zerbster Bier fing zu Galli (16. Oktober) an gut zu werden und war am besten von Estomihi (der Sonntag vor Ostern) bis Johannis (24. Juni). Wer aber an Harnbeschwerden litt, sollte es nicht trinken, denn es verursachte Urinverhaltung. Gleichwohl trieb es aber Steine aus dem Körper aus. Außerdem kühlte es, und man musste deshalb manchmal einen Becher Wein dazu trinken.

Die Mumme und das Einbecker Bier bezeichnete Coler als „Schwestern". Sie waren kühl und berauschten nicht und trieben ebenfalls den Urin. Weil aber das Wasser, aus dem sie gebraut wurden, eine kalkartige Substanz mit sich führte, bekam man leicht Blasen- oder Nierensteine von ihrem Genuss. Als Sommerbiere durften Fieberkranke sie jedoch trinken. Von dem Gardeleger Bier bekam man die Kalte Pisse (quälenden Harndrang, ohne urinieren zu können/Blasenentzündung), und da es aus Weizen gebraut war, wurde man leicht durstig davon. Die Torgauer und Belgerner Biere waren nicht stark, aber gesund, nahrhaft und schmackhaft. Das Freiberger, welches man aus guter Gerste braute, trieb den Urin und alles Krankhafte im Menschen aus. Weil es wie das Wittenberger aus unreinem Wasser gebraut wurde, so ließ man es zwei bis drei Wochen, nachdem es gebraut war, im Bottich stehen und kalt werden. Dann rührte man täglich um, und je öfter man es tat, desto mehr gärte es und stieß auf, und erst dann füllte man es in Fässer ab. Das Wittenberger würde gesund sein, wenn man genug Malz dazu nähme.

So war es zu dünn und verursachte Aufstoßen, und deswegen hieß es „Guckguck".

Das Wurzener Bier lobt Coler ebenfalls. Das Naumburger, aus gutem Malz hergestellt und sorgfältig gebraut, stieg zuKopf, und man sagte, dass es die Leute blind mache. Das Erfurter wiederum hatte eine gute Farbe und war sehr nahrhaft. Das Wohlauer war früher besser gewesen, das Breslauer, ein nahrhaftes und starkes Weizenbier, machte zu fett, und wenn man viel davon trank, war einem am nächsten Tag noch schwindelig. Das ebenfalls zu Breslau ausgeschenkte Laubaner Bier, welches nährte und die natürliche Körperwärme vermehrte, war zu Colers Zeit das beste Bier in Schlesien. Von den Goldberger Bieren, von denen es zwei Sorten gab, das beste und das mittelmäßige, schreibt er aber, dass ersteres noch höher zu werten als das Laubaner sei. Das Striegauer Bier war damals trüb wie Leimjauche, schmeckte aber gut und soll von Fremden sogar mit Wein verwechselt worden sein. Es galt als sehr gesund wegen der dort befindlichen Heilerde (Siegelerde), die auch ins Brauwasser gelangte und welche sogar die Pest von jener Stadt ferngehalten haben soll.

Das Schweidnitzer Bier war gut, es hatte aber einen brandigen Geschmack, weil man das Malz zu stark dörrte. Das Saganer vertrieb Steinschmerzen. Vom Danziger Bier schreibt er: Mäßig genossen kräftigt es den Körper und macht eine gesunde Gesichtsfarbe. Trinkt man aber zu viel davon, so erhitzt es das Blut, erzeugt eine kupferrote Gesichtsfarbe und Triefaugen. Wie auch Wein rief es dann Verhärtungen und Gicht hervor. Man konnte mit einem Fass Danziger Bier ein ganzes Jahr immer wieder frisches erzeugen, wenn man es unter anderes mengte, denn eine Unze (ca. 31,1 Gramm) davon war stärker und kräftiger als ein ganzes Nößel (ca. 500 ml) anderes Gerstenbier.

Den Menschen dienlich war auch das Elbinger. Das Glogauer, welches dem Danziger gleich war, scheint sich aber schon zu Colers Zeit im Niedergang befunden zu haben.

Vom Hamburger Weizenbier sagt er, es verliert, wenn es alt wird, seine Kraft. Mäßig getrunken ist es nahrhaft, gibt gutes Blut, und wenn man sich damit wäscht, macht es eine feine Haut. Es vertreibt auch Blasen- und Nierensteine, und mit Butter genossen, wirkt es abführend. Trinkt man aber viel davon, dann bekommt man eine Kupfernase. Das Lübecker Bier war dem Hamburger gleich, aber die Frauen tranken es lieber. Das Harburger war gut, aber dünn und leicht. Das Goslarer wiederum schmeckte anfangs süß, alt geworden jedoch wie Wein und taugte gut für Suppen. Das Rostocker „Oel“ aber war ein sehr gesundes Sommerbier. Vom Güstrower Bier sagt er, man nehme mehr Gerste, aber weniger Hopfen dazu als beim Bernauer. Es war stark, und wenn man es maßlos ins sich hineinsäuft, heißt es „Schmeis in Nacken“. Trinkt man es aber mit Vernunft, war es gut gegen Steine im Körper. Es hatte seinen Namen „Knisenack“ von einem mecklenburgischen Fürsten, Johann dem Älteren, genannt „Gnesejanik“. Er war Sohn des Burvinus, und hat den Domstift erbaut, wo er auch begraben liegt. Schließlich meint Coler, in dem starken Boitzenburger werde wohl Dost- oder Fliederwasser enthalten sein, weil die Leute davon halb toll würden.

Bieraufsicht haben unsere Vorfahren schon sehr frühzeitig geführt, denn einen guten und gesunden Trunk wollten sie gerne haben. Deshalb verhängte das Augsburger Stadtrecht aus den Jahren 1104, 1156 und 1157 über alle Wirte, welche schlechtes Bier oder aber gutes mit zu kleinem Maß ausschenkten, eine gehörige Strafe. Außerdem wurde ihre Ware konfisziert und den Armen geschenkt.

In Bayern ist allerdings erst im 14. Jahrhundert etwas in dieser Richtung getan worden, denn nachgewiesenermaßen wurde im Jahr 1363 in München zwölf namhaften Gemeindemitgliedern eine Art Bieraufsicht übertragen. Eine landsherrliche Bierbeschauordnung erschien dort, wie wir weiter unten sehen werden, erst 1491. In diesem Jahr wurde dem fürstlichen Rentmeister Simon Stettner zu Altenpeilern, dem Propst von Fürstenfeld, Kaspar Pirker, dem äußeren Rat Georg Schmidt sowie zwei anderen Bürgern das Amt übertragen, im Sommer pro Woche dreimal und im Winter zweimal das Bier „mit getreuem Fleiß zu besichten und probieren“.

Anders verfuhr der Rat von Reutlingen: Er beschloss im Jahre 1697 „die Sudelei des Bierbrauens ganz abzutun", entweder weil es schlecht war, oder weil man dort lieber Wein trank.

Über Erfurt liegen dagegen Verordnungen des Magistrats über das Bierbrauen bereits aus dem Jahre 1351 vor: „Erstlich soll die geeichte Kanne stets bis an das Zeichen gefüllt sein. Ein Fuder Bier soll 4 1/2 Pfund, 8 Gr. haben. Kein Bürger noch Ratskumpan soll im Jahr mehr als zwei Biere brauen, auch nicht halbe Biere, noch weniger oder mehr Kasten Malz zum Brauen mahlen als drei, und er soll sie streichen. Am Mittwochabend und nicht eher, wenn die Bierglocke läutet, soll man Feuer unter den Kessel stoßen und brauen. Aber es darf niemand brauen als der, welcher eigene Gefäße, Bottiche, Darren und Fässer hat. Vor Sankt Severi Abend (08. Januar) soll niemand Gerste gießen und weder Weizen noch Hafer darunter tun. Das Biermaß soll immer voll sein, Pfennig und Scherf wert. Wie teuer man das Bier nach Walpurgis ausrufen wird, so soll man dasselbe auch geben. Man soll nicht mit Reisig und Stroh brauen. Wer dem Biereigen (d. h. dem, der sein Bier ausschenkt) die Kanne zerbricht oder wegläuft und nicht bezahlt, der soll 10 Groschen Strafe geben oder die Stadt verlassen. Wer Hopfen kauft, soll das Maß nicht anrühren, es habe denn zuvor der Verkäufer es selbst voll gemacht und die Hand davon getan. Auf dem Lande soll niemand fremdes Bier und dergleichen Wein verkaufen noch brauen wider der Stadt Wissen. Welcher Bürger auf dem Lande braut, soll nicht mehr für einen Bürger gehalten werden". Aus diesem Grund mussten im Jahre 1387 einige Erfurter Bürger, welche Weizenbier wie zu Arnstadt und Gotha hatten brauen wollen, 15 Mark Strafe bezahlen,weil dies ja in diesem alten Erfurter Zuchtbrief verboten war. Dazu gab der Rat selbst noch 10 Mark und kaufte mit diesem Geld die Krautstege (eine Brücke) über die Gera.

In Nordhausen schenkte man ausschließlich Erfurter Bier aus, alles andere war verboten. In Hannover mussten im 14. Jahrhundert die Schenkwirte (Biertepper) schwören, dass sie das Einbecker Bier, wenn es einmal aufgebraucht sei, nicht mit anderem vermischen oder auffüllen würden. Außerdem mussten sie beeiden, die gesetzmäßige Steuer binnen der ersten 14 Tage, nachdem das Bier aufgebraucht war, zu bezahlen, stets ein volles Maß zu geben oder aber zur Strafe ein halbes Jahr kein Bier auszuschenken. Wer diesen Eid nicht leisten wollte, wurde zu einer Mark Bremisch Strafe verurteilt.

Nicht, um den Bürgern gutes Bier zu garantieren, sondern weil das Ausschenken von Getränken ein einträgliches Gewerbe war, unterhielten die meisten Stadträte selbst Schankkeller, die entweder verpachtet wurden oder welche sie durch eigene, dazu angestellte, Leute verwalten ließen[cxlvii]. Anfangs war freilich deren Einrichtung nebst Inventar noch sehr einfach[cxlviii]. So nahm im Jahre 1438 der Erfurter Stadtrat in seinem Ratskeller, wo er sich (entgegen den Statuten des alten Zuchtbriefs) selbst erlaubte, fremde Biere, besonders Naumburger, auszuschenken. Allein dafür nahm er 2315 Schock (= Groschen, das waren ungefähr 5787 Taler) ein, und im Jahre 1463 rentierte sich dasselbe immer noch so gut, dass nach Abzug der Unkosten 6104 Gulden Reingewinn blieben.

Ja, der Erfurter Rat betrieb auch noch in der Nachbarschaft dasselbe Geschäft, denn weil in den Mainzer Dörfern Hochheint, Taberstadt, Tittelstedt und Melchendorf kein Getränk verkauft werden durfte, so kaufte der Rat (für 2000 Gulden fränkischer Währung) vom Mainzer Erzbischof Adolf die Erlaubnis, dies zu tun. Damit auch jedermann gezwungen war, dieses Ratsbier zu trinken, ließ der Rat auf den Kanzeln von den Geistlichen an alle Prälaten, Priester, geistlichen Leute, Messner und Studenten verkünden, falls sie sich unterständen, in ihren Häusern und Klöstern fremde Biere auszuschenken oder einzutauschen, so wolle er ihnen die Böden der Fässer einschlagen lassen. Zuweilen schritten aber doch die Regierungen gegen dieses Monopolisieren des Bierzwangs ein, denn in dem Braunschweiger „Shigt-Bök“[cxlix] wird ausdrücklich gesagt, dass, wenn der Rat das Stübchen Einbecker Bier nicht für sechs Goslarer Pfennige ausschenken wolle, dann solle jeder Bürger das Recht bekommen, es zu diesen Preis zu anzubieten.

Freilich waren die Klöster und Geistlichen von diesen Bestimmungen befreit. Sie zapften vom Fass und verkauften das Bier, zahlten jedoch keine Steuern. Ja, sie unterhielten sogar vollständige Trinkstuben, z. B. in Straßburg, wo sie durch die von ihnen eingesetzten Wirte, die auf Rechnung verkauften, auch Brett-, Würfel-, Schach-, Ball- und Kegelspiele um hohe Einsätze treiben ließen. Dies nutzten natürlich wieder die Stadträte, denen ihre Konkurrenz gefährlich war, um ihnen dieses Treiben – angeblich aus moralischen Gründen – zu verbieten. Dennoch kümmerte die Geistlichkeit dies nicht. Die Wirtshäuser blieben für sie einträgliche Besitztümer, und die Pfarrer betrachteten den Bierausschank als beste Erwerbsquelle, sie unterhielten sogar Gesinde dort. Ein solcher klösterlicher Bierhof war z. B. einst das Schloss Siebleben bei Gotha. Diese Unsitte dauerte bis ins 18. Jahrhundert fort, besonders in Süddeutschland, so dass beispielsweise am 17. November 1725 der Landgraf Ludwig von Hessen-Darmstadt eine Verordnung erließ, worin er das von den Geistlichen ausgeübte Wein- und Bierausschenken zu einen Eingriff in das Bürger- und Brauergewerbe erklärte und gegen hohe Strafen untersagte.

Großes Aufsehen machte in dieser Hinsicht der berüchtigte Bierprozess der Stadt Görlitz gegen ihre eigene Pfarrei. Dort trieben die Geistlichen es nämlich so arg, dass der Pfarrhof, wo sie ihr Bier ausschenkten, eine regelrechte Spielspelunke war, in welcher die Priester mit den Bürgern spielten und ihnen mit Karten, Kugel und Brett das Geld abnahmen. Dies hatte im Jahre 1474 dort ein gewisser Magister Schwoffheim (der zuvor in Leipzig Rector Magnificus gewesen war), begonnen, im Großen zu betreiben. Er war nämlich hier Pfarrer geworden und schenkte nun auswärtiges Bier auf seinem Pfarrhof aus, und weil er mit seinen zotigen Witzen und Spielvergnügungen die Bürger an sich zog, lief alles zu ihm hin.

Die Brauhofsbesitzer verklagten ihn deshalb beim Stadtrat, der ihn wiederum beim König von Böhmen denunzierte. Er wurde dann zwar nach Bautzen versetzt, aber sein Nachfolger Behem machte es nicht besser und brachte den Streit sogar bis vor den Bischof von Meißen, der in der Sache jedoch nicht vermitteln konnte, weshalb jener eine Entscheidung des Papstes erbat. Zwar schritt dann König Wladislaw ein: Er verbot der Pfarrei, Bier auszuschenken, aber die Geistlichen, welche der Stadtrat in einem Schreiben vom Jahre 1494 „wilde Priester“ nennt, kümmerten sich nicht darum. Schließlich musste im Jahre 1498 der Stadtrat, obwohl er den Bischof von Meißen auf seiner Seite hatte, sich mit den Priestern gütlich einigen, damit wenigstens das Ausschenken auswärtigen Bieres aufhörte. Denn gerade hieran hatte die Stadtkasse großes Interesse, weil das Bier für diese ein hochlukrativer Handelsartikel war.

Damit hängt auch die berüchtigte Bierfehde zusammen, die Görlitz mit Zittau um dieselbe Zeit hatte. Auch diese Stadt trieb viele Ausfuhrgeschäfte mit Bier und wollte deshalb nicht innerhalb ihrer Bannmeile bleiben. So hatten die Zittauer im Jahre 1490 wieder ihr Bier über die Görlitzer Grenze gebracht. Aber die brauberechtigten Bürger und Brauer fielen über sie her, hielten ihre Wagen an, prügelten ihre Fuhrleute durch, schlugen den Fässern die Böden aus und ließen das Bier auslaufen, und deswegen heißt seitdem die Stelle, wo es geschah, heute noch die *„Bierpfütze"*. Daraus entstand nun eine förmliche Fehde zwischen beiden Städten, denn die Zittauer fielen nun mit Waffengewalt ins Görlitzer Gebiet ein. Dieselbe wurde jedoch durch einen Prozess beendet, den König Wladislaw (1497) zu Gunsten der Stadt Görlitz entschied[cl].

Von Böhmischen Bieren kennen wir aus dem 17. Jahrhundert noch das Saatzer (lateinisch „masculus" genannt „eo quod aliis collata vere masculescere videtur"), das Rakonitzer, Slaner und Rockyzaner sowie die aus Brod, Bork, Commotau, Techow und Strzibro. In Mähren waren das Bier von Oppau, wo insbesondere nur einmal im Jahr ein vortreffliches Märzenbier aus Gerste gebraut wurde, sowie das Iglauer sehr berühmt.

Auch die polnischen Weißbiere werden gepriesen als nahrhaft und wohlschmeckend. Man kennt dort z. B. das Warezker und Lobsenzer Bier. Schoock[cli] nennt in Groß- und Kleinpolen jeweils sieben Städte, welche gutes Bier brauten. Deren Qualität war so, wie hier ihre Namen folgen, beginnend mit dem besten, bis hin zum geringsten abgestuft. Leider können wir diese Namen nur lateinisch wiedergeben.

In Großpolen waren es: Mediricia, Luovecia, Godicia, Racovia, Wegronecia, Znina, Labisia und Schizevia.

In Kleinpolen: Kolovia, Cestochouia (Czenstochau), Stoionia, Bresinia, Zonicia, Warka und Wielinia.

Im 19. Jahrhundert wurde in Polen nicht viel Bier getrunken, doch gab es einige gute Brauereien mit großer Produktion, etwa die „Bavaria“ in Warschau, die Brauerei zu Okocim (zwischen Krakau und Tarnow) sowie einige dem Fürsten Sapieha gehörende in Galizien.

Das Lievländer Bier, „Lorche“[clii] genannt, rühmt der Reisende Martin Zeiller als ein Bier, welches die Frauen fruchtbar mache, also als ein gutes „Ehestandsbier“[cliii]. Das Bier der Ruthenen (aus Hirse gebraut) hieß „Braka“, und es war wahrscheinlich identisch mit dem aus Reis (oryza) gemachten tartarischen Getränk „Bragge“.

Wenn wir uns nun den holländischen und belgischen Bieren zuwenden, so erfahren wir von Schoock, dass Ende des 16. Jahrhunderts zu Gouda aus dem Wasser der Isel vortreffliches Bier gebraut wurde. Man führte es bis nach Seeland und Flandern aus, und es beschäftigte 350 Brauereien. Danach kam das Delfter, welches jedoch seit dem Jahre 1590 durch das Bredaer verdrängt wurde, weil man glaubte, dass zu letzterem besseres Wasser genommen werde. Indessen verlegte man sich später in Breda darauf, hier englisches Bier zu brauen. Als jedoch diese Stadt wieder in den Besitz der Spanier kam, wurde ersteres nicht wieder populär, sondern das Rotterdamer erlebte einen Aufschwung und wurde vorzugsweise in Südholland, Seeland und Geldern getrunken, weil es weniger stark war und besonders den Tabakrauchern schmeckte. Es wurde aus dem gesunden Maaswasser gebraut.

Trotzdem lief ihm das Harlemer[cliv] Bier den Rang ab in ganz Friesland, Drenthe und Ober-Issel. Man braute es mit Wasser, das man von weit her mit Schiffen herbeischaffte. Es wirkte sehr harntreibend und wurde aus Hafer hergestellt. Allerdings war im 15. Jahrhundert das Groninger Bier „Clune“ („Kluyn“, entweder abgeleitet vom holländischen Wort für „Klön“ oder „Knäuel“, weil alle seine Teile wie die Fäden in einem Knäuel fest zusammenhingen, oder aber von „clunae“ = „Affe“, weil es seine Trinker zu Affen machte), obwohl mit ziemlich schlechtem Wasser aus den dortigen

Stadtgräben gebraut, weit berühmter gewesen. Dies kann man an einer noch vorhandenen Urkunde vom 9. Mai 1437 ersehen, in welcher die Bürger von Enkhuyzen sich den Groningern gegenüber verpflichten, kein Goudaer Bier mehr einzuführen, sondern nur noch das Groninger. Gleichwohl schmeckte es vielen nicht, und Schoock schreibt, obwohl er jetzt 20 Jahre in dieser Stadt wohnte (1661), habe er sich doch bis jetzt noch nicht an dessen Genuss gewöhnen können.

Aus der Gegend von Groningen wird noch das Bier aus der Stadt Damme und aus den Dörfern Scheemda und Schiltwolte gepriesen. In Nimwegen braute man den sogenannten „Moll", ein gutes Bier. Der Name war abgeleitet von „moll" = „Maulwurf", weil es, zu häufig getrunken, die Menschen blind wie Maulwürfe machte. Zu Gertruydenberg gab es ein Bier, welches das Bredaer übertraf, und in dem Städtchen Wesop an der Vecht ein dem Harlemer ähnliches, das es aber noch an Güte überragte. Gerühmt wurden auch noch die Biere von Arnheim und Bommel in Geldern und von Deventer in Friesland. In Utrecht braute man ein dem Paderborner ähnliches Bier. Das Löwener Bier war rot und wegen des darin befindlichen vielen Hopfens sehr bitter, scheint aber dünn gewesen zu sein. Das Antwerpener und Mechelner dagegen war weiß und süß. In Lüttich braute man ein Dünnbier aus Spelt (= Dinkel), „Bulion" genannt, sowie ein Starkbier, welches aus dem Wasser der Maas hergestellt wurde, welches mineralische Bestandteile mit sich führt.

Ein anderes Dünnbier wurde im Dorf Hogars in Brabant aus Spelt, Erdweihrauch und Lolch (Taumel-Lolch, Ledium temulentum) gebraut. Es schmeckte zwar sehr süß, machte aber jeden, der viel davon trank, halb irrsinnig und versetzte ihn in einen todesähnlichen Schlummer. Man sagt, dass während des niederländischen Befreiungskriegs die Einwohner dieses Dorfs den einrückenden wallonischen und spanischen Soldaten dieses Bier vorgesetzt hätten. Diese wurden davon so benebelt, dass sie am nächsten Morgen nicht zum Fahnenappell erschienen, trotz des durch die Heerpauken gegebenen Zeichens, weshalb sie als Deserteure bestraft wurden.

Etwas Ähnliches geschah im Jahre 1635 in Dienen (Brabant), wo Soldaten in einem Kloster eine Menge Flaschen mit diesem Bier fanden, sie austranken und dadurch in einen halb rasenden Zustand versetzt wurden, welcher dieselbe Folge hatte. Übrigens wurde seit der Mitte des 17. Jahrhunderts zu Delft das sogenannte „Bobbel-Bier" (von „bobbel" = „Blase") gebraut, das auch den Namen „Bottelbier" („Flaschenbier", „bière à bouteilles") führte. Es wurde in gläserne oder tönerne Flaschen gefüllt, die dann hermetisch verschlossen wurden. Öffnete man sie, so sprang es schäumend heraus, weil es in ihnen nicht aufhörte zu gären, und es bestand im ersten Augenblick aus nichts als Schaum und Blasen. Um seine blähende Wirkung zu verhindern, pflegte man in die Flaschen Gewürze zu tun, bevor man die Flüssigkeit hineinfüllte. Aber G. E. Stahl schreibt in seiner „Allgemeinen Bierbrauerkunst"[clv], es habe ein sechzigjähriger Mann vom fortgesetzten Trinken dieses Bieres die Cholera bekommen und sei dann innerhalb von zwei Tagen daran gestorben. Es war indessen in England und Holland sehr beliebt und wurde von Feinschmeckern gesucht, weshalb es auch viel in fremde Länder exportiert wurde.

Schließlich braute man in Dordrecht noch zweierlei Biere, ein Dünnbier und ein Lagerbier. Ersteres hieß „Pharao", um daran zu erinnern, dass, ebenso wie dieser Herrscher einst die in seinem Land wohnenden Juden gemartert hatte, dieses Bier die Eingeweide desjenigen, der davon trank, kniff und quälte. Das andere aber hieß „Israel", womit die Segnungen bezeichnet werden sollten, welche den Israeliten bei ihrer Ankunft im gelobten Land zuteil wurden. Davon verschieden war der dem englischen Ale ähnliche „Dorts-Engel"[clvi].

Die Genter Brauergilde haben die berühmten Volkshelden Jacob von Artevelde (getötet am 19. Juli 1345) und sein Sohn Philipp von Artevelde (gefallen 1382 in der Schlacht bei Rösebeck) sprichwörtlich weltberühmt gemacht, denn sie waren Mitglieder dieser Zunft.

Nun müssen wir noch einige Biernamen erwähnen, die auf die Qualität, nicht aber auf den Ursprung der Getränke Bezug nahmen:

Im Jahre 1482 braute man in den deutschen Klöstern ein starkes Bier, welches „Patersbier“ genannt wurde, weil es für die Pfarrer bestimmt war, wogegen das Nachbier „Covent“[clvii] hieß, weil es für die Konventualen bzw. den Konvent bestimmt war. In dieser Bedeutung kommt es schon in einer Urkunde aus dem Jahr 1423 vor.[clviii] Dieses Dünnbier wurde bis ins 19. Jahrhundert noch dadurch hergestellt, indem man dreimal über das bereits ausgebraute Malz (oder Treber) erneut Wasser goss. Es soll jungen Leuten sehr gesund sein und wurde bis zu Anfang des 19. Jahrhunderts besonders von den holländischen Handwerkern viel getrunken. Nicht ganz dasselbe war das sprichwörtlich gewordene „Badewasser“, ein in Deutschland aus sehr wenig Korn und verschiedenen Kräutern gemachtes, unangenehm schmeckendes Getränk, an welches man dachte, wenn man von einem schlechten Bier sagte: „Es schmeckt wie Badewasser“. Dagegen meinte man Dünnebier, wenn man von „Gerstenwasser“ sprach. In Hannover waren das sogenannte „Fünfpfennigbier“ (früher das „Prophetenbier“) sowie das im 19. Jahrhundert im Bamberg gebraute Nachbier, welches den Namen „Hansel“ führte, solche Gerstenwässer. Aus dünnem Bier wurde in Magdeburg durch den Zusatz von Wasser der im Sommer angenehm kühlende „Hausmuff“ gemacht, ein sehr stark moussierendes Flaschenbier.

Vom Kräuterbier in Obersachsen, aus Wermut, Pimpernelle, Cardobenedikt usw. hergestellt, wird später noch gesprochen werden. Das dortige „Erntebier“ dagegen war ein braunes Hopfenbier, meist im März gebraut, aber erst zur Erntezeit getrunken. Zuweilen hieß auch in Gegenden, wo „Breyhan“ getrunken wurde, das in den Hundstagen (23. Juli – 23. August) gebraute Braunbier so. Dessen beste Qualität trug den Namen „Märzenbier“.

Welcher Beschaffenheit in den Klöstern das sogenannte „Nonenbier“ (cerevisia nonalis), welches den Mönchen um die neunte Stunde (= nonae) gereicht wurde, wenn sie frühstückten, wissen wir leider nicht. Das Roggenbier, von dem manchmal die Rede ist, sah grünlich, fast wie Rheinwein aus, es schmeckte gut, verursachte aber Blasenbeschwerden und Verstopfung.

Kräuterbier hat es schon seit dem 5. Jahrhundert gegeben. So gab es Wermutbier, welches man im Sommer nüchtern trank, um Galle, Leber und Milz zu reinigen und die Menstruation zu fördern. Aber es machte die Leute schläfrig und dumm im Kopf. Salbeibier stärkte den Magen, vertrieb das Glieder- und Kniezittern und war gut für Blase und Nieren. Es half auch gegen wacklige Zähne, Durchfall und Frauenkrankheiten. Ysopbier trank man gegen Brust- und Atembeschwerden sowie gegen Husten und Ohrensausen. Man glaubte auch, es helfe gegen die schwere Not (= Epilepsie). Hirschzungenbier tranken die Milzsüchtigen und Melancholiker und solche, die am Viertägigen Fieber litten. Ochsenzungenbier machte man so, dass man die Wurzel dieser Pflanze in Bier oder Wein einlegte. Man glaubte, dieses Getränk treibe alle Feuchtigkeit aus dem Körper, und „ob einer schon gar zum Toten wär' worden, so mag ihm dennoch hiermit gewiss geholfen werden." Beifußbier war das edelste Bier für Frauen, denen es gegen Unfruchtbarkeit diente und deren gesamten Leib es stärkte. Es nahm auch die Kopfschmerzen hinfort und zerbrach Nieren- und Blasensteine. Dieselbe Kraft besaß auch das Poleybier, welches Appetit machte, den Magen stärkte, Husten und Schnupfen vertrieb und ebenfalls die Fruchtbarkeit förderte. Für Magenkrankheiten schließlich empfahl man Bier aus Wohlgemut und Nelken. Sehr hochgeschätzt war das Rosmarinbier, denn es übertraf angeblich alle anderen Kräuterbiere an Farbe, Geschmack und Kraft, und es glich dem Wein am meisten. Goss man es nämlich in ein Glas, stiegen unten kleine Bläschen auf, wie beim Rebensaft. Es hatte eine Farbe wie Gold, schmeckte und roch wie Gewürz, aber nicht wie eine Arznei. Man glaubte, es gehe durch alle Glieder hindurch, erquicke die Lebensgeister der Menschen, vermehre die natürliche Körperwärme, stärke Herz und Gehirn und bringe den Frauen ihre Regel zurück.

Lorbeerbier erzeugte Schwitzen, regte die Leber an und löste Steine im Körper auf. Melissenbier machte Melancholische wieder fröhlich und stärkte das Herz. Haselwurzbier heilte Ödeme, indem es alles wässrige Geblüt durch die Blase austrieb, und es löste bei Gichtkranken die Verhärtungen in den Gelenken auf.

Vom Lavendelbier glaubte man, es sei gut gegen Rheumatismus und Schlaganfälle. Man gab es auch den Ammen zur Verhütung übertragbarer Krankheiten, damit sie die säugenden Kinder nicht damit angesteckten. Indem man Wacholderbeeren, Wacholderholz oder Wacholderrinde in die Bierfässer tat, machte man Wacholderbier. Es war gut gegen Nierenkrankheiten und förderte die Menstruation. Ebenfalls diente es als Mittel gegen Vergiftungen. Kirschenbier stellte man besser durch das Zerquetschen des Fruchtfleischs und Zerstoßung ihrer Kerne her, anstatt die Kirschen ganz in die Fässer zu tun. Man glaubte, es sei gut für Blase und Magen. Gegen Cholera, Rote Ruhr (= blutiger Durchfall), Harnverhaltung und allzu heftige Blutungen der Frauen machte man Eichenblätterbier, indem man Eichenblätter in Bier aufsetzte.

Es gab auch Augentrostbier (Euphrasiae potus, auch Augentrostwein) welches jene Kranken heilte, die unter Augenbeschwerden litten. Doktor Knaust schreibt, man habe erlebt, dass jemand schon lange Zeit nicht mehr sehen konnte und durch dieses Getränk im Laufe eines Jahres wieder seine Sehkraft zurückerlangte. Er erzählt auch, dass, wenn man ein Pulver aus diesem Kraut nimmt und – mit einem Eigelb vermischt – isst, dann hilft es den Augen so gut, dass Menschen, die vorher ohne Brille weder schreiben noch lesen konnten, nachdem sie dieses Mittel angewendet hatten, auf diese Weise wieder zu ihrer Sehkraft kamen, so dass sie sogar die kleinste Schrift entziffern konnten. Dieselbe Wirkung soll das kühlende Schlehenbier haben, wenn man es im Sommer nach dem Essen genießt. Aus ähnlichen Gründen trank man Fenchelbier. Man glaubte außerdem, dass es gut gegen Ödeme, Husten und Gicht sei und im Menschen Milch und Samen erzeuge. Auch Anisbier kannte man. Es bewahrte den Menschen vor Koliken und Blähungen, und es förderte die Verdauung.

Gegen Steinbeschwerden trank man Birkenbier, aus dem Birkensaft gebraut, und noch heute ist in England und in einigen Teilen Deutschlands das Ingwerbier ein gutes Mittel gegen Blähsucht und Durchfall. Ein berühmtes Kräuterbier war das ungefähr seit 1550 auf Befehl des Herzogs Franz von Lüneburg gebraute Gifhorner Kräuterbier, welches noch im 18. Jahrhundert von Hannoveraner Hofbeamten gegen bestimmte Krankheiten verkauft wurde. Ähnlich war auch das zu Hildesheim von den Karthäusern gebraute Bier.

Die meisten der bislang genannten Biere wurden noch im 18. Jahrhundert getrunken, obschon manche neue aufkamen. Insbesondere trank man in Leipzig das Merseburger, Wurzener und Eilenburger, während in Jena das Lichtenhayner Bier populär war usw. Und so war an jeder Universität gewöhnlich eine gewisse zeitlang ein bestimmtes Bier in Mode. Ein Dichter jener Zeit hat für Liebhaber die Namen der beliebtesten in folgende Verse gebracht. Viele davon kennen wir bereits:

Leipzig, sonst die Lindenstadt,
„Rastrum" in dem Keller hat.
Hall' kann mit dem „Puss" stolzieren
Und dahin die Saufers führen;
Wittenberg den „Kuckuck" zeigt,
Breslau ist zum „Scheps" geneigt,
Halberstadt den „Breihan" braut,
Gardelegen „Garley" schaut,
„Mord und Totschlag" droht Eisleben,
Goslar kann uns „Gosen" geben,
Kyritz „Fried und Einigkeiten",
Braunschweig brauet „Mumm" beizeiten,
Güstrow schenkt uns „Knisennack",
Kolberg trinkt uns zu das „Black",
„Keuterling" Wettin uns schenket,
„Rummeldeuß" an Ratzburg denket.
Delitsch hält den „Kuhschwanz" her,
Herford[lix] *hat an „Kamma" Ehr,*
Osnabrück kann „Buse" zeigen.
„Witte" will in Kiel nicht schweigen,
Jena hat „Dorfsteufels" gnug:
„Israel" macht Lübeck klug.
Helmstadt muss „Clapit" ausschenken,
„Junker" muss an Marburg denken,

Münster schenket „Koite" ein,
Königslutter „Duckestein",
Eckenforder „Cacabulle"[clx]
Ist nicht feil für eine Nulle.
Brandenburg gibt „Alten Klaus",
Wartenburg schenkt „Bocksbart" aus.
Zerbster „Würze" lässt sich trinken,
Gera will in „Angst" versinken,
Wernigerode hat „Lumpenbier",
Boitzburg „Biet den Kerl" zur Zier,
Dransfeld „Hasenmilch" verkaufet,
Brockhuß nach dem „Wullsack" laufet,
Königsberg hat „Preußing" feil,
Pattensen braut „Pohk" mit Weil,
Hadeler„Säht den Kerl" schließet
Wenn man in die Kehlen gießet.

Wir finden in dem Gedicht einige neue, bisher noch nicht genannte Biernamen, nämlich das Kyritzer „Fried und Einigkeit", den Wartburger „Bocksbart", die Geraer „Angst", die Dransfelder (in Hessen) „Hasenmilch", den Brockhuser[clxi] „Wollsack" und den Pattenser „Pohk".

Zeiller, ein bekannter Reiseschriftsteller des 17. Jahrhunderts, nennt folgende Biere als zu seiner Zeit berühmt[clxii]:

- Barthisches,
- Böhmisches,
- Braunschweiger,
- Bremer,
- Breslauer,
- Danziger,
- Delfter,
- Einbecker,
- Eckernförder,

- Eulenberger,
- Gardelegener,
- Goudaer,
- Hamburger,
- Hannoveraner,
- Iglauer,
- Lemgoer,
- Naumburger,
- Osnabrücker,
- Paderborner,
- Oberpfälzer,
- Rostocker,
- Schmiedberger,
- Steinauer,
- Teschnischer,
- Troppauer,
- Warburger,
- Zerbster
- Zwickauer.

Das letzte größere alphabetische Bierverzeichnis, über jene Sorten, die in der Mitte des 18. Jahrhunderts in Deutschland bevorzugt getrunken wurden, findet sich in den „Curieuse und sehr lustige Supplemente des angenehmen Zeitvertreibs und vielfältigen Vergnügens auf dem weltberühmten Lustsaal des sogenannten Brandvorwergs ohnweit Leipzig“ (...), (Frankfurt & Leipzig 1746, S. 40-47). Man kann daran sehen, welche Sorten so beliebt waren, dass sie die Zeiten überdauerten. Diejenigen, welche wir zuvor noch nicht erwähnten, haben wir mit einem † gekennzeichnet:

- „Aliklaus“ oder „Alter Clauß“ in Brandenburg, ist hitzig.
- † Assenhäuser, ein Weißbier bei Naumburg.
- † „Augenblendig“, für Alte, die nicht gut sehen können.

- Barthisches.
- † „Bastert“.
- Bautzner „Klotzmilch“.
- † Batzmann.
- „Beinecken“ in Lüneburg.
- Belgeranisch (= Bergernisches) Bier, von dem geschrieben steht: „Bergerana est omnibus sana“.
- Berliner Kufen-Bier.
- Bermisches (= Bremer).
- Bernauer Bier.
- † „Binackel“.
- „Bitenkeerl“ aus Boitzenburg an der Elbe in der Grafschaft Schwerin.
- „Black“ aus Kolberg, einer Handelsstadt an der Ostsee im Herzogtum Kaschuben.
- „Bockhänger“ aus Wollin, ein wollüstiges Bier.
- Böhmisches Bier.
- † „Brandtvorwerger“.
- Breslauer „Schöps“ und „Toller Wrangel“.
- „Braunschweiger Mumme“, deren Name ein Kuh-Hirte[clxiii] erfand.
- „Broyhahn“.
- † „Brahward“.
- Brunsbüttler „Papen-Convent“.
- „Büffel“, ein Bauern-Bier.
- „Bruse-Buse“ aus Osnabrück, ein Frauenbier.
- Buxtehuder „Ich weiß nicht wie“.
- „Clune“, ein Mecklenburger Bier.
- Cotbusser[clxiv] „Menschen-Fett“.
- Danziger „Joppenbier“.
- Dasselscher (im Braunschweiger Land) „Hund“.
- Delfter Bier.

- Delitzscher „Kuhschwanz".
- Dernburger „Störten-Keerl".
- Eislebener „Krabbel an der Wand".
- Englisches Bier.
- Einbecker.
- † Emdener.
- † Eulenburger Biere, wovon drei Sorten hitzig sind,
- während eines kühlend ist.
- Erfurter „Schlunz".
- † Eutritzscher „Gose", ein Bier von wechselnder Qualität, mal hitzig, mal kühlend, mal im Körper sitzen bleibend, mal wiederum hinten und vorne hinausdrängend.
- „Filz" aus Magdeburg, ein Kopf-Verwirrer.
- † "Fitscherling", ein schamhaft machendes Bier.
- † "Förtzer", ein Alt-Weiberbier.
- Frankfurt an der Oder: „Büffel" oder „Stäffelin".
- Freyburger (Freiberger?), ein temperiertes Bier, wie das Merseburger.
- „Garley" aus Gardelegen.
- „Glückelsham".
- „Gose"[clxv] aus Goslar.
- Goudaer Bier.
- Glückstädter „Ramenach".
- Hadeler „Säth den Kerl".
- Hamburger.
- Hannoveraner.
- Halberstädter.
- † Hildesheimer.
- † „Harlemosche".
- Hallischer „Buff".
- † „Hartenack".

- Helmstädter „Klapit“.
- † „Hölsing“ aus Wollgast.
- † „Hottenbach“.
- Iglauer Bier.
- „Ich weiß nicht, wie“ aus Buxtehude.
- „Israel“ aus Lübeck.
- † „Itax“.
- „Jenischer Dorfteufel“.
- † „Juckstertz“ („Juckschwanz“).
- † „Kälberzagel“.
- „Kartheuserbier“ aus Erfurt, ein niederschlagendes Bier.
- „Kater“ aus Stade.
- „Kackebelle“ aus Eckernförde.
- † „Kidegern“.
- † „Kickoverdenthun“.
- † „Kiwit“.
- Kieler „Witte“.
- „Klatsch“ aus Jena.
- „Klotzmilch“ aus Bautzen.
- „Kniesenack“ aus Güstrow, ein hitziges Bier – wie heißer Wein.
- Königsberger „Kolleter“.
- Königslutteraner „Duckstein“.
- † „Kressen“.
- † „Kuhrfinck“.
- „Kuckuck“ aus Wittenberg.
- Kyritzer „Mord und Totschlag“.
- „Laucke“ aus Mölln.
- Leipziger „Rastrum“[clxvi], ein besonderes Ehestandsbier für Frauenzimmer, besonders, wenn es auf Flaschen gefüllt wird (d. h., es fördert die Fruchtbarkeit).
- Lemgoer Bier.

- Leipziger und † Meckerischer (= Möckernscher), welches die vornehmsten sind an Hitzigkeit. „Gallus“ (= Hahn), welches so hitzig ist, dass man auch einen Hahn darin sieden kann. Bei uns werden nach dessen Genuss Hähne genug darin gesotten!
- „Lörche“, ein gesundes Liefländisches Bier.
- Limbacher „Oh wie!“ („Owy“).
- † Löwiginer.
- „Lumpen-Bier“ aus Wernigerode, ein Bräutigamsbier.
- Lüneburger „Beinken“.
- † Mannheimer Bier, ein sehr geistreiches und mutmachendes Bier für Bankrotteure.
- Marburger „Juncker“.
- † Massauisches Bier.
- Mecklenburger „Pipenstael“ (ein Junggesellenbier) und „Klune“.
- † Merseburger[clxvii], das sowohl in Flaschen geliefert wird als auch ohne, ein Ehestands-Bier. Es gibt verschiedene Varianten davon, alte und junge.
- „Mord und Totschlag“.
- † „Mord Botner“.
- “Mückensenff“.
- Münsteraner „Käute“.
- † Naumburger Bier.
- Nauener „Zitzenille“.
- † Nassauer Bier.
- Nimweger „Most“, ein süßes Bier.
- † Ober-Pfälzer.
- Osnabrücker „Buse“.
- Paderborner.
- „Possenell“ aus Pasewalk.
- „Preusing“.
- † „Prisan“.
- „Preibott“ („Breipott“).

- † „Quitschart“.
- Quedlinburger „Breyhahn“.
- † Rappinisch (Reppinisch).
- „Rarkater“.
- † „Reißkopf“.
- Rittagshausener „Schütte-Kappe“.
- † Rollings Bier.
- † „Rosemann“.
- Rostocker „Öl“.
- „Rummelthaus“ aus Ratzeburg.
- † „Rutetopf“.
- † Ruppiner Bier aus Brandenburg.
- † „Salar“.
- „Schlipschlap“.
- Schmiedberger.
- Schöninger „Witten Kiel“.
- Schweidnitzer.
- „Soltmann“.
- † „Söhlrock“.
- † „Sperpipe“
- „Stampf in die Aschen“.
- † Steinnauer.
- † „Strohhenning“.
- † „Streckelbörtzel“.
- „Totenkopf“ aus Fechte.
- Torgauer:[clxviii] ein Bier für Gelehrte.
- „Tuckstein“ (Duckstein), ein von Haus und Hof treibendes Bier.
- † Teschnitzer.
- Troppauer.
- † Tummhuter.
- † Warburger aus Westfalen.

- Werdisches Bier.
- Wettiner „Käuterling“.
- Wißmarer „Mumme“.
- † Woldawigs Bier.
- Wollgaster „Hösing“.
- Wurzener Bier ähnelt dem Merseburger.
- Zerbster normales und Zerbster Rosmarin-Bier.
- Zwickauer „Bergkeller“ oder Lager-Bier.

Dieses Verzeichnis ist deswegen interessant, weil hier schon des Mannheimer Bieres gedacht wird, von dem man behauptet hat, es sei – neben dem Erlanger Bier –, erst im zweiten Viertel des 19. Jahrhunderts populär geworden. Außerdem ist hier bereits vom (Zwickauer) „Berg-Keller“ oder Lagerbier die Rede, ein Ausdruck, der angeblich ebenfalls erst seit dem zweiten Viertel des 19. Jahrhunderts (in Dresden) existieren soll und demnach in Wirklichkeit viel älter[clxix] ist.

Auch diese Liste enthält viele kuriose Namen. Wir tragen hier noch einige andere nach, welche allerdings teilweise späteren Ursprungs sind:

- „Auer“ Bier,
- „Salvator“ und „Zacherl Oel“,
- „Brausegut“ (im Harz),
- „Schacknack“ (im Thüringischen),
- Heidecker oder „Ehestandsbier“ (in Merseburg),
- „Dickkopf“ (in Eulenburg),
- „Lustiger Pater“ (in Corvey),
- „Kopfbrecher“ (in Torgau),
- „Sommertrank“ (in Zerbst),
- „Märzen“ (in Rostock),
- „Egelei“ (in Egeln im Regierungsbezirk Mageburg),
- Halberstädter „Muff“,

- Hammer „Keut“,
- Köpenicker „Moll“,
- Kopenhagener „Gammel-Öl“,
- Merseburger „Stürzebarthel“,
- Münchner „Bock“,
- Würzburger „Bauch“,
- Straßburger „Schweinepest“,
- Zweibrückner „Kasernenbrühe“, ein dort erst im 19. Jahrhundert aufgekommener Name, welcher daher entstand, weil das zu seiner Herstellung verwendete Wasser an den Toiletten der „Chevauxlegers-Kaserne“ vorbeifloss.

Indes scheint im 18. Jahrhundert die Bierfabrikation im Allgemeinen nicht vorangekommen zu sein. Man begnügte sich im meistens mit den bereits existierenden Bieren. Neue kamen kaum dazu, und viele von den alten Sorten verschwanden. Trotzdem existierten auch einzelne Biere weiter, z. B. das „Rastrum“, die „Gose“, welche besonders in Leipzig sehr beliebt war, die „Mumme“, das Danziger „Joppenbier“ usw., und sie behielten ihren alten Ruf. Regelrechte Lager- oder Doppelbiere wurden indes nicht viel getrunken, auch nicht in den Studentenzusammenkünften, welche doch die eigentlichen Brutstätten des Biertrinkens waren. Man trank in erster Linie nur einfache Biere, so dass bis in die 1830er Jahre z. B. in Leipzig das „Köstritzer“ (bei Gera) und das Bayrische Bier kaum genossen wurden und die eigentlichen Lagerbiere erst einige Zeit nach der Gründung der Dresdner „Waldschlösschen-Brauerei“ (1838) an Popularität gewannen. Aus dieser Zeit stammt auch erst die Sitte, an den höfischen Tafeln das Lageroder Bayerische Bier, welches man auf Flaschen gezogen hatte, herumzugeben.

Freilich dürfen wir nicht vergessen, dass es schon im ersten Viertel des 18. Jahrhunderts ein König war, welcher für das Bier Partei ergriff. Dies war Friedrich Wilhelm I., König von Preußen, der in seinen Schlössern zu Berlin, Potsdam und Wusterhausen bekanntlich jene Abendgesellschaften – Tabakskollegien genannt – abhielt. Bei diesen durfte niemand erscheinen, der nicht vom König hierzu befohlen wurde. Sie bestanden aus nicht mehr als vier bis acht Personen. Der König selbst rauchte Tabak, und jeder Anwesende hatte die Erlaubnis, dasselbe zu tun. Gegen Ende wurde jedem eine Pfeife vorgelegt, und der Tabak stand in kleinen geflochtenen Körbchen auf dem Tisch. Auch etliche kupferne Feuerbecken mit glimmendem Torf zum Anbrennen der Pfeifen waren vorhanden. Ferner wurden jedem Gast ein weißer Krug mit Bier sowie ein Glas vorgesetzt, damit er sich selbst einschenken konnte. Alle königlichen Bediensteten mussten nämlich hinaus, und keiner durfte im Zimmer bleiben, auch nicht hineinkommen, bis der König sie rief oder ihnen ein Zeichen gab. Diese Zusammenkunft dauerte gewöhnlich drei bis vier Stunden, und die dabei gepflegte Unterhaltung bestand größtenteils aus historischen Erzählungen und philosophischen Reflexionen über die gegenwärtigen politischen Themen, und sie waren größtenteils ernsthaft und belehrend. Kam einmal etwas Humorvolles auf, was bei der Anwesenheit der lustigen Räte des Königs, nämlich des Freiherren Jacob Paul von Endling, des Doktor Bartholdi sowie Bornemanns, Friedrich August von Hackmanns, des Grafen von Stein, des berüchtigten Freiherren von Pöllnitz und des gelehrten Narren David Fassmann nicht anders sein konnte[clxx], so war dies eher die Ausnahme als die Regel. Jedenfalls hatten diese Abendgesellschaften für das Biertrinken den Vorteil, dass dieser Trunk dadurch wieder in die vornehme Gesellschaft eingeführt wurde, aus der er weitgehend vom Wein verdrängt worden war.

Viertes Kapitel
Geschichte der bayerischen und der österreichischen Biere

In Bayern gab es schon im 9. Jahrhundert bedeutende Bierbrauereien[clxxi], und im Jahre 816 kommt bereits „eine Fuhre Bier“ („una carrada de cervisa“) als Abgabe der Kirche von Vöhring vor. Allerdings war das damals gebraute braune Bier, auch „das rote“ genannt, ein fades Getränk, welches leicht sauer wurde. In der Regel braute man es aus Gerste, in rauheren Gegenden aber aus Hafer, und es wurde nur durch warme Gärung hergestellt.

Gleichwohl scheint in Bayern damals viel Bier getrunken worden zu sein. Als nämlich im Jahre 1293 eine Missernte herrschte und das Getreide sehr hoch im Preis gestiegen war, verboten die Herzöge Ludwig und Otto das Bierbrauen für ein ganzes Jahr. Abgaben wurden auch bereits darauf erhoben. In München beispielsweise entrichteten sämtliche Brauer insgesamt 32,5 Mutt[clxxii] Malz und 50 Pfund Geld. 6 Pfund erhielt noch der Vizedom, 2 Pfund der Richter, und wegen des Brauens in den bürgerlichen Häusern mussten noch zusätzlich 40 Pfund Wachs abgegeben werden.

Obwohl die – wahrscheinlich in einem Kloster erfundene – kalte Gärung besseres, kräftigeres und länger haltbares Bier erzeugte, existierte trotzdem anscheinend noch viel schlechtes Bier. Deshalb wurde bald das Brauwesen der Polizei unterstellt, und verschiedene Brauordnungen wurden in den einzelnen Städten verfasst. In München bestand schon zur Zeit Ludwigs des Strengen ein fürstliches Brauhaus, und wer von den anderen Brauern in seinem Brauhaus braute, dem gab man die Pfründe (das Gerstenmalz) aus dem Kasten des Herzogs. Ludwig der Strenge verlieh im Jahre 1286 dem Heilig-Geist-Spital die Bierbraugerechtigkeit, und ebenso erteilten die Herzoge Rudolph und Ludwig dem Clarissinnenkloster auf dem Anger im Jahre 1306 die Bewilligung, ihren Haustrunk selbst zu brauen.

Um dieselbe Zeit scheinen hier bereits ziemlich viele Brauer existiert zu haben. Urkundlich erwähnt findet sich erst im Jahre 1318 ein Bürger, Heinrich Preumeister mit Namen, was auf einen längeren Betrieb dieses Gewerbes in seiner Familie schließen lässt, weil die Bürgergeschlechter bekanntlich ihre Namen ursprünglich von ihren Gewerben bekamen. Zu dieser Zeit und im darauffolgenden Jahrhundert braute man hier sowohl ein hoch- als auch ein minderwertiges Bier.

Das erstere hieß „Greußing", und ein Eimer davon kostete im 14. Jahrhundert 40 Pfennige, während der Eimer des gewöhnlichen Trunks nur zu 30 Pfennigen verkauft wurde. Die älteste Brauordnung in München stammt ebenfalls aus dieser Zeit: Der Stadtmagistrat erließ sie im Jahre 1420. In ihr wird den Brauern erlaubt, Met und Bier (bzw. „Greußing") zu brauen. Sie sollten es aber nicht vor acht Tagen nach der Herstellung ausschenken, es musste zuvor über sich gegoren haben (= obergärig sein) und nicht unter sich. Das Bier geringer einzusieden, als die Taxe betrug, oder es gar mit fremden Zutaten zu vermischen, war streng verboten, aber um es schmackhaft zu machen, durften sie die gespaltene und getrocknete Benediktenwurzel (caryophyllata lutea), in ein leinenes Tuch genäht, ins gefüllte Fass legen.

Weil aber die Brauer und Wirte damals wahrscheinlich nicht richtig maßen, hieß es in dieser Brauordnung, „dass sie alle ihre Kannen bringen sollten zu dem vereidigten Zinngießer, den die Stadt eingesetzt hat, und der soll sie beschauen, ob die Nägel (die Eichzeichen) darin recht stehen, und es soll auch nur ausgeschenkt werden aus Kannen, die gebrannt und gezeichnet sind mit der Stadt Zeichen.“ Zur Aufrechterhaltung dieser Brauordnung wurde von den Herzögen Wilhelm und Ludwig eine Bierbeschau angeordnet und dazu eine eigene Kommission eingesetzt, welche das Bier im Sommer dreimal und im Winter zweimal pro Woche besichtigen und prüfen musste. Wurde aber dabei gefunden, dass das Bier seinen Pfennig, d. h. sein Geld nicht wert war, so wurde der Brauer hart bestraft. Allerdings prüfte man den Geschmack nicht mit der Zunge oder durch die Untersuchung des Alkoholgehalts bzw. der Inhaltsstoffe auf chemischem Weg (oder durch Gradmessungen), sondern man hatte eine andere, rohere, aber praktischere Methode:

Die „Bierkieser“ mussten bei der Ausübung ihres Amtes in hirschledernen Hosen im Brauhaus erscheinen. Hier wurde ihnen eine hölzerne Bank hingestellt, deren Sitz man mit ein paar Maß des zu prüfenden Bieres beschüttete. Darauf setzten sich nun die Bierprüfer mit ihren hirschledernen Hosen und zechten, eine Sanduhr vor sich, eine volle Stunde lang, ohne von ihrem Sitz auch nur eine Sekunde wegzurücken. War endlich die Stunde abgelaufen, standen sie alle zugleich im selben Moment auf. Blieben sie nun mit ihren hirschledernen Hosen an der Bank kleben, so dass sie nicht aufstehen konnten, ohne sie mit in die Höhe zu heben, so war das Bier gut, gehörig kräftig und seinen Preis wert. War solches aber nicht der Fall, so wurde das Bier als zu leicht befunden, und der Brauer bezahlte Strafe. Übrigens spielte zur selben Zeit und auch noch später die sogenannte Bierglocke (hier und da auch Weinglocke genannt) eine bedeutende Rolle. Durch ihr

Läuten wurde nämlich die Polizeistunde angezeigt, und auf dieses Zeichen musste jeder die Schank- und Zechstuben verlassen und nach Hause gehen. Sie wird übrigens auch schon im alten Erfurter Stadtrecht erwähnt.

Im 16. Jahrhundert, als man in Böhmen aus Weizen weißes Bier zu brauen begann und als viele Leute, besonders Personen der höheren Stände, daran Geschmack fanden, fing man auch in München an, dergleichen herzustellen. Allerdings legte der Magistrat, in der Meinung, dass das weiße weniger gesund als das braune sei und dass auch durch den vielen Weizenverbrauch eine Brotverteuerung entstehen könnte, dieser neuen Braumethode vielerlei Schwierigkeiten in den Weg. Zuletzt genehmigte die Polizei das Recht, Weißbier zu brauen, ausschließlich dem Landesherren. Urkundlich erwähnt wird in München dann auch ein „Fürstliches Weißes Brauhaus", welches heutzutage noch als „Hofbräuhaus" existiert.

Diese Brauerei brachte aber der herzoglichen Kasse so viel ein, dass Herzog Wilhelm V. auf Antrag der Hofkammer ein zusätzliches Hofbräuhaus für braunes Bier auf der Stelle des niedergerissenen Hennenhauses und des Badegebäudes erbauen ließ (1589). Im Jahre 1651 erweiterte man es in Richtung des Löwenhofs in der Burggasse. Dies ist das Haus am Kanal in der Lederergasse Nr. 26, wo sich seit dem Jahre 1811 das Zerwirkgewölbe befand. Da dieses Gebäude aber wegen des steigenden Verbrauchs des braunen Hofbräuhausbieres nicht mehr ausreichte, kam diese Brauerei 1708 erst teilweise, dann aber 1807 schließlich vollständig in das eigentlich nur zum Brauen des Weißbieres bestimmte Hofbräuhaus. 1828 verlagerte man die bisherigen Lokalitäten des Hofbräuamtes in die derzeitigen Bierschankräume, die freilich weder elegant noch geräumig, sondern niedrig, eng und finster sind.[clxxiii]

Die allgemeine Vorliebe für das Bayerische Bier ist übrigens nicht sehr alt und geht wohl nicht weit über die ersten Jahre des 19. Jahrhunderts hinaus. Wenn auch bereits im 17. Jahrhundert Bayerische Biere als „Versandbiere" erwähnt werden, so ist doch ziemlich gewiss, dass im 16. Jahrhundert viel auswärtiges Bier in München getrunken wurde. Dafür spricht auch der Umstand, dass in Bayern tatsächliche Brauerinnungen bis in die jüngste Zeit nicht existierten, sondern die Brauer trieben im Sommer andere Gewerbe. Im Reichsarchiv findet sich noch eine herzogliche Vollmacht. Sie wurde für den Erfurter Bürger Cornelius Gotwalt am 2. März 1553 ausgestellt, und sie berechtigte ihn zur Einfuhr „von 2 Wagenschwer Ainpeckhisch Bier, von Ainpeck aus nach München oder Landshut" für die Tafel Herzog Albrechts des Fünften.

„Einbeckisch Bier, so die Nürnberger dem Gnädigen Herren geliefert", kommt auch in einer Münchner Hofrechnung von 1574 vor. Aus der Nachahmung dieses Einbeckischen Bieres durch Münchener Brauer seit dem Jahre 1771 (denn bis dahin wurde es durch Vermittlung Nürnberger Handelshäuser direkt aus Einbeck bezogen) ist der Münchner „Aimbock" oder „Bock"[clxxiv] vor dem Jahre 1616 entstanden[clxxv]. Dies ist ein besonderes Bier, das nur in den Staatsbrauereien zu höherem Preis als dem des gewöhnlichen Märzenbieres verkauft werden darf. Die kurze Zeit seines Verkaufs fällt in die Zeit der ersten Hälfte des Mai und des Fronleichnamsfestes (Donnerstag nach Pfingsten oder der 19. Juni). Sein Ausschank begann in den Jahren vor 1793 stets am Fronleichnamstag, danach abwechselnd am Himmelfahrtstag oder am Pfingstsonntag, zuletzt immer am 1. Mai.

Einige Tage vorher findet die „Bockprobe" statt. Bockbier mit Bockwürstchen (aus Kalbfleisch und verschiedenen grünen Kräutern) ist in diesen Tagen ein beliebtes Münchner Frühstück, und bekannt ist bei allen Fremden der Bockkeller im alten, ehemaligen „Münzgebäude" am Münzgässchen. Zuerst schenkte man den Bock in einem kurfürstlichen Wagenremisengebäude des alten Hofes aus, später im Gärkeller des ehemaligen Hofbräuhauses, in einem Seitenflügel in Richtung des Pfisterbachs. Anstelle des niedergerissenen früheren Gebäudes stand später die Steuerkataster-Kommission.

In diesem Bockkeller befindet sich an der Wand jenes Wappen, das in keinem Bock-Lokal fehlen darf: ein Ziegenbock, der mit seinen gewaltigen Hörnern ein volles Glas umstößt, nach dem Sprichwort: „Den hat der Bock gestoßen". Andere sind mit Kohle an die Wände gezeichnet. Das dazugehörige Trinkgeschirr ist das „Bockglas". Dies ist ein gläserner Pokal, auf dem ein Bock sowie ein Halbeglas (weil eine halbe Maß enthaltend) abgebildet sind. Um dort einen Platz zu erhalten, prügelt man sich. Viele sitzen im Hof auf leeren Tonnen. Am vollsten ist es zwischen 10 Uhr abends bis 1 Uhr früh. Dazu heulen fortwährend herumziehende Musikanten ihre schrecklichen Weisen, meistens den „Bockwalzer".

Außerdem wurde in München manchmal zu Ehren des „heiligen Bocks" ein wilder und ungebärdiger Ziegenbock mit großen Hörnern, bekränzt und bebändert, von einem angesäuselten Studenten von Zimmer zu Zimmer geführt. Für diesen edlen Namensträger des Heiligen wurde dann eine Kollekte gesammelt. Dieser Bockdiener hatte Bock- und Lobreden zu halten, bis er irgendwann unfähig zum Weitergehen wurde. Dann übernahm ein anderer sein Amt.

Als Gegenstück zu diesem heftigen Bier ging besonders aus den Brauhäusern der Jesuiten die weniger starke, sanftmütige „Geiß" hervor.

Im 19. Jahrhundert hat das Biertrinken in Bayern und besonders in München seinen Zenit erreicht. Allerdings unterscheidet sich je nach der Güte und Feinheit des Getränks auch der Besuch der verschiedenen Lokalitäten. In den echten Bierhäusern wird das Bier meist aus steinernen Maßkrügen (ungefähr drei Schoppen enthaltend) zum Preis von 6 ½ bis 8 Kreuzern getrunken. Alle Volksklassen sitzen hier nebeneinander. Jeder bringt sich selbst mit, was er dazu essen will. Käse, Schinken, Wurst, Brot, Papier und die sonstigen Überreste der Speisen werfen alle unter den Tisch.

Außerdem findet man in den meisten Münchner Bierhäusern im Sommer noch die „Radiwei", d. h. die Rettichverkäuferinnen, welche meistens zusätzlich das zum Genuss dieser Beilage nötige Salz in bunten Papieren verkaufen. Es sind dies meist alte, hässliche Frauen, die früher flotte Kellnerinnen waren, später aber zu Verkäuferinnen von jungen Radieschen (Radi) und Nüssen degradiert wurden. Mit den Radiweibern wird abscheulicher Unfug getrieben. Zuweilen müssen sie für einen Kronentaler einen Wettlauf machen. Da rennen dann die alten, sechzig- bis siebzigjährigen Frauen wie verrückt, um den Preis zu erhalten, und sie stürzen dabei übereinander, zum allgemeinen Jubel.

Die Bockgläser liefert zu vielen Tausenden der Hof nach alter Sitte. Deshalb gehörte es früher allgemein zum Münchner Bockfest, ein solches Glas zu entwenden. Freilich stellte man, wenn das Publikum es zu arg trieb, ein paar stramme Brauknechte an den Eingang, welche den Fortgehenden ihren Raub wieder abjagten. Trotzdem wurde nach Herzenslust gestohlen. – Man wusste ja, der Hof schaffte im nächsten Jahr neue an.[clxxvi]

In der Pinakothek befindet sich ein prachtvoll gemaltes Stilleben (übrigens auch als einer der allerersten Buntdrucke reproduziert), welches das Bockfest darstellt. Im Hintergrund sieht man eine Wand des Bockkellers mit den berühmten Kohlezeichnungen Schleichs, wo alle Stände dargestellt werden, wie sie dem Bock ihre Ehrfurcht bezeugen. Vorne aber steht auf einem Tisch ein Bockglas. Ein Sonnenstrahl fällt vom Fenster in das goldene Nass, daneben liegen Radieschen und die anderen zum Bock gehörenden Gegenstände. Auch das berühmte „Bockblättchen“ liegt da, in welches eine darauf gefallene Zigarre ein Loch gebrannt hat. Schließlich gewahrt man ein paar Fliegen, die von dem auf den Tisch geschütteten Tropfen des edlen Gerstensaftes genascht haben und wie beduselt daliegen.

Das berühmteste Münchner Bierhaus ist noch heute das Alte Hofbräuhaus (am Plätzl Nr. 13), aufgeteilt in dasjenige, in welchem Weißbier (Nr. 8) und in welchem Braunbier (Nr. 9) ausschenkt wird. Dort geht es aber sehr unsauber zu. Jeder muss sich im Sommer selbst bedienen und vor allem versuchen, sich einen Steinkrug zu erobern, den er dann am Brunnen ausspült. Dann muss man sich die auf den Zinndeckel eingravierte Nummer merken und mit dem abgezählten Geld in der Hand (für eine Maß) zum Zapfen gehen. Dort nimmt ein Brauknecht Krügel und Geld in Empfang und ruft nach einer Minute die Nummern der eingelieferten, nun gefüllten Maßkrüge laut aus, wobei er sie mit einem Schneller auf dem Tisch vorschiebt. Wer nicht gleich scharf zupackt, riskiert, sowohl den Krug als auch seinen Inhalt zu verlieren. Dasselbe Treiben, sogar noch wilder, findet natürlich auch im Bockkeller statt. Will man sich jedoch diesem Drängen nicht aussetzen, geht man lieber ins „Hotel Leberwurst“ oder nach „Orlando di Lasso“, wo man dasselbe Bier bekommt.

Weitere renommierte Bierhäuser sind der bereits erwähnte „Bockkeller“ (am Platzl Nr. 7), das „Zacherlbräu“ (der Gebrüder Schmederer, in der Vorstadt Au, Ohlmüllerstr. Nr. 11), wo als Vorläufer des Bocks während der ersten 14 Tage des Aprils das „Salvatorbier“ verzapft wird, welches zuerst die Paulaner Mönche unter Kurfürst Maximilian I. brauten. Es führt auch den Namen „Zacherlöl“ oder „Gott-Vater-Bier“. Nach Aufhebung des Klosters zu Anfang des 19. Jahrhunderts erwarb Herr Zacherl das Brauprivileg. Das erste Glas Salvatorbier, welches im Jahr überhaupt ausgeschenkt wird, trinkt der Bürgermeister von München, der nach alter Sitte zu Pferde sein muss. Bekanntlich wird zu einer bestimmten Stunde mit dem Ausschenken aufgehört, und niemand bekommt dann mehr einen Tropfen. Aber die guten Münchner wissen sich zu helfen, sie holen sich, ehe die Stunde schlägt, jeder mehrere Gläser auf Vorrat und haben dann auch nach der festgesetzten Sperrstunde noch etwas zu trinken.

Unterhaltsam ist für den Auswärtigen die Art und Weise, wie von dem anwesenden Bierfiedler der sogenannte „Salvatorwalzer“ gespielt wird. Eine alte Baßgeige spielt auf, und das Publikum singt mit ungeheurem Gebrüll: *„Gut'n Morgen Herr Fischer, Herr Fischer gut'n Morgen ... Ja! ja! Hinum, herum, hinum, herum, herum, hinum.“* Der Schluß des Lieds bezieht sich auf den Schluss des Ausschenkens und das Schließen des Lokals: *„Jetzt müss ma, müss ma, jetzt müss' ma fort. Au weh, au weh, jetzt müss' ma, jetzt müss' ma, au weh, au weh, jetzt müss' ma fort!“*

Bekannt sind auch noch das „Augustinerbräu“ (Neuhäuser Str. Nr. 16), das bereits erwähnte großartige Etablissement von Georg Pschorr (Neuhäuser Str. 11), welches berühmt für sein Exportbier (zumeist nach Indien) ist, der „Spatenbräu“ (Neuh. Str. Nr. 4), der „Sterneckerbräu“ (Im Tal Nr. 55), das „Franziskaner“ (Residenzstraße Nr. 9, der Post gegenüber) und „Zum Kappler“ (Promenadenstraße). Berühmte Bierkeller sind ebenfalls, wenn auch lediglich im Sommer besucht, weil sie außerhalb der Stadt liegen: der „Knorrkeller“ (am Marsfeld) welcher dem „Augustinerbräu“ gehört, sowie der „Hirschkeller" (in der Herbststraße an der Augsburger Bahn). Weizenbier aus der „Hackerschen Brauerei" wird im „Hackerbräukeller" in der Sendlinger Gasse augeschenkt.[3]

Außer München sind noch folgende Städte berühmt für ihre Brauereien:

- Kulmbach, dessen 10 Brauereien ihr Bier in alle Weltgegenden versenden.
- Lichtenfels mit seinem Bahnknotenpunkt, wo die Werrabahn mündet.
- Nürnberg, wo jetzt die „Henningersche Bierbrauerei" die berühmteste ist. Dort sind bekannte Bierkneipen: die „Himmelsleiter" (in der Karolinenstraße), der „Mohrenkeller" (in der Königstraße), das „Leistlein" (Karlstraße), der „Pfau", die „Wolfsschlucht", „Peter Vischer" (die letzten drei in der Nähe des Theaters), das „Bratwurstglöcklein" (an der Moritzkapelle) und das „Blaue Glöcklein" (bei der Frauenkirche). Diese beiden sind geschätzt für ihre Bratwurst mit Sauerkraut. Schließlich gibt es dort noch das „Jammertal" und das „Goldne Fass".

- Erlangen braut zwar ebenfalls gutes Bier, ebenso Augsburg, wo die Hauptbierhäuser das „Café Augusta" (auf der Fuggerstraße), das „Kohleis" (am Saubergle), der „Seiler" (am Perlachberg) und das „Goldne Ross" sind. Bayreuth übertrifft sie jedoch beide. Dort besitzt besonders „Bayerleins Brauerei" „auf dem Herzog" in der Kulmbacher Straße mit seinem Schanklokal innerhalb der Stadt (dem „Reichsadler" gegenüber), „Bierhalle" genannt, einen Namen. Auch alle Bäcker in der Stadt schenken Bier aus, und die Gesellschaftsgärten „Harmonie", „Frohsinn", „Bürgerresource" und „Erheiterung" sind in Wirklichkeit reine Bierlokale.

---

[3] Statistiken zum Brauwesen in Bayern finden sich im Anhang 1.

- Das Bamberger Bier, ehemals berühmt, ist mittlerweile nur mittelmäßig, und das Regensburger, welches man in der bekannten, unweit der großen Donaubrücke gelegenen Restauration „Wurstküche“ (so genannt, weil man dort ausschließlich Würste bekommt), ausschenkt, ist auch nicht bedeutend. Zu Ende des 15. Jahrhunderts ließ man in Regensburg jeden, auch die Geistlichen, zum eigenen Gebrauch gegen Bezahlung der Unkosten gutes Bier aus eigener Gerste sieden. Die Bürger wanderten nämlich häufig in die umliegenden Dörfer, um dort auswärtiges Bier zu trinken, doch sott man hier schon eigenes Bier, um das böhmische zu verdrängen, das man früher hier ausschenkte. In den Dorfschenken ging es recht übel zu, denn ein Chronist sagt: Es werde vielfältig Mord und Totschlag verübt, auch könne keine Maid noch Weib ohne Besorgnis dahergehen, geschändet oder gar entjungfert wieder nach Hause zu kommen. Daher verbot man die Einfuhr fremder Biere.[clxxvii]

- Nennenswert sind noch das Ansbacher, Kitzinger, Passauer, Zirndorfer (bei Nürnberg), Bayersdorfer, Schwabacher sowie das Landshuter Bier. Ebenso verdienen die beiden Restaurationen in Würzburg, der „Hirsch“ und „Bei Taler“ (in der Obermöllergasse) einen Namen als guten Gerstensaft liefernd, und schließlich auch das Ballenstädter Bier.

- Von den schwäbischen Brauereien mögen schließlich noch die in Ulm und Stuttgart erwähnt werden, ebenso die „Musterbrauerei Hohenheim“ in Württemberg, sowie die zu Mannheim in Baden.

Früher wurde das Bayerische Bier oft nach Österreich ausgeführt, aber seitdem die Böhmischen Biere aus Bodenbach, Leitmeritz und besonders aus Pilsen (das beste und schwerste) so in Mode kamen, findet man wirkliches Bayerisches Bier z. B. in Wien nur noch in größeren Wirtschaften. Meistens versteht man hier unter diesem Namen bloß das billigste Gesöff. Ansonsten trinkt man hier gewöhnlich das „Kleinschwechater“ (aus der „Dreherschen Brauerei“) oder das „Liesinger“.

Bierkeller gibt es auch hier überall, z. B. den „Bischof", (an der Schottenbastei), das „Winterbierhaus" (Landskrong. 3), „Obermayers Bierhalle" (Weihburggasse 29), „Kummers Bierhalle" (Babenbergerstraße 5), „Drehers Bierhalle" (Operngasse 8), das „Michaeler Bierhaus" (neben der Michaelerkirche), den „Bazar" (Spenglergasse), die „Tabakspfeife" (Goldschmiede-Gasse in Trattenhof), den „Gerstenbrand" (im Bürgerspital), die „Deutsche Eiche" (Brandstätte 5), den „Schneck" (am Peter), das „Drei Raben" (Rabengasse), den „Alter und Neuer Blumenstock" (Ballg.), die „Linde" (Rothenturmstraße), das „Schottenhammers Bierhaus" (Naglergasse 1), das „Lothringer" (am Kohlmarkt), das „Comödien-Bierhaus" (beim Kärntnertor-Theater), das „Winter-Bierhaus" (Landskronergasse 5) sowie die zahllosen Bierkneipen in Neulerchenfeld und der Wiener Vorstadt.

Von anderen österreichischen Städten nennen wir noch als durch gutes Bier bekannt: Innsbruck, wo das „Adambräu" (eine Gartenwirtschaft nicht weit vom Bahnhof), der „Bierwastl" (Garten am Inn), der „Breinöszl" (in der Nähe des Österreichischen Hofes) und das „Löwenbräu" einen Namen haben.

Von den Prager Brauereien wollen wir noch die von Wanka hervorheben. Keine andere österreichische Brauerei hat aber einen solchen Aufschwung gewonnen wie die am 1. Mai 1836 von Anton Dreher übernommene und zu ihrem jetzigen Glanzpunkt erhobene „Klein-Schwechater", kurz die „Dreherschen Brauerei" genannt. Sie besteht zwar schon seit 1832, war aber vor dem erwähnten Jahr nur unbedeutend, weil sie bis dahin nur obergäriges Bier braute. Sie ist nunmehr das größte Etablissement dieser Art auf dem Kontinent und hat vor einigen Jahren noch zwei Filialen in Steinbruch (bei Pesth in Ungarn) und in Micholup (bei Saar in Böhmen) eröffnet. Andere Niederlassungen findet man an vielen Orten, z. B. in Dresden, in Paris (seit der Weltausstellung im Jahre 1867) sowie in Chalons-sur-Marne.[clxxviii] Früher waren die Wiener Biere nicht so berühmt. Im Jahre 1785 führte man hier 376.000 und im Jahre 1802 sogar 460.000 Eimer auswärtige Biere ein. Diese Einfuhr stieg im Jahre 1840 auf beinahe 600.000 Eimer an, während die fünf innerhalb der Stadtgrenzen befindlichen Brauhäuser selbst nur 300.000 Eimer lieferten. Im letztgenannten Jahr wurde aber das Wiener Bier noch überhaupt nicht gelobt. Man liest z. B. in den „Geschichten, Sagen und Merkwürdigkeiten aus Wiens Vorzeit und Gegenwart, von Realis" (Wien 1841, S. 251), Folgendes:

„Auch unser (das Wiener) Bier kann wenig Ansprüche auf Lob haben, es fehlt ihm nämlich gewöhnlich an der gehörigen Quantität Hopfen und Malz. Von letzteren wird stets so wenig genommen wie nur möglich, und statt des teuren, weit herzuholenden Hopfens nimmt man größtenteils andere bittere Kräuter. Die sind zwar der Gesundheit unschädlich, machen aber oft ein Bier, das mehr einem Tränkchen aus der Apotheke ähnlich ist als einem nahrhaften und magenstärkenden Labtrunk. Überdies lässt man dem Bier nicht immer genug Zeit, um gehörig kalt zu werden und ausreichend zu gären. Stattdessen gießt man es flugs in die Fässer und schleppt es in die Bierhäuser. Nur einen unbestrittenen Vorzug haben die Wiener Biere: Sie werden nämlich aus reinem Wasser bereitet, was nicht überall sonst der Fall ist."[4]

Fünftes Kapitel

Niederländische, belgische und englische Biere/ Das Bier in den Vereinigten Staaten, in Norwegen, Frankreich und Italien

Die holländischen Biere haben gegenwärtig nicht mehr den guten Ruf, den sie ehemals hatten. Am bekanntesten sind:

- das Maastrichter Braunbier aus Gerstenmalz,
- das Geldernsche Weißbier aus Gerstenmalz und Weizen,
- das Nimwegener Weißbier,
- das Moll
- und das rote Diester Bier, welches sehr lange haltbar ist.

[4] Statistiken zu den Brauereien in Österreich und Ungarn finden sich im Anhang 2.

Das Amsterdamer „Prinzess-Bier" ist leicht und ähnelt dem Böhmischen. Früher hatte dort jeder Rittergutsbesitzer seine Brauerei, und die Bauern konnten gegen Erstattung der Kosten dort brauen. Seitdem aber Biersteuern eingeführt wurden, nahm die Produktion dort ab. Die in Amsterdam etablierten Bayerischen Bierbrauereien reichen ebenfalls für den dortigen Konsum nicht aus.

Die belgischen Biere sind berühmter. Hier schätzt man besonders:

- das Genter Bier („Uytzet"), bräunlich oder gelb, auch in Wetteren gebraut,
- das Lütticher, wovon es zwei Arten gibt, solches, welches man frisch trinkt und solches, welches man länger aufbewahren kann,
- das Mechelnsche Braunbier,
- das Tirlemonter,
- das Löwener, „Pinter" oder „Pintermann" genannt, welches viel exportiert wird,
- das Lierer (in zwei Sorten: Genter und Caves-Bier),
- das Hoegarder,
- das St. Tronder Braun- und Gelbbier,
- das Ather Bier, in drei Sorten: braun, Grisette und Faro,
- das Brüsseler „Sechs-Sou-Bier" (das stärkste)
- und schließlich das Antwerpener. Aus ihm werden noch drei Nachbiere hergestellt, „Mittelbier", „Gemischtesbier" und „Drittbier".

Die berühmtesten Sorten sind das Lambikbier (hier wird die erste Würze, aus welcher man das „Sechs-Sou-Bier" herstellte, mit etwa 10 Hektolitern der zweiten vermischt) und das „Faro-Bier" (entstanden aus der Vermischung der ersten und der zweiten Würze). Ersteres ist so haltbar wie die besten Südweine, und letzteres verträgt auch lange Seereisen.

In England wird natürlich besonders viel Bier gebraut. Allerdings sind Ale und Porter dort die Hauptbiere. Ersteres ist zwar das Ale der alten Briten[clxxix], wurde aber erst in neuerer Zeit (um 1730) mit Hopfen hergestellt.

Letzteres wurde zu Anfang des 18. Jahrhunderts (1730) vom Braumeister Harwood erfunden, und weil es die Arbeitsleute (porters) tranken, nannte man es „Porter“[clxxx].

„London-Ale“, „Windsor-Ale“ oder „Queen’s Ale“ sind alle sehr blass. „Taunton-Ale“ sowie „Welsh-Ale“ werden meist nach Irland exportiert. Ale wird im Übrigen häufig mit schädlichen Zutaten vermischt. Es ist sehr klar und hell, aus blassem Malz gebraut. Porter wird nicht so stark gebraut. Man stellt es aus braunem Malz mit Zusatz von gelbem und blassem her. Zwei Sorten werden davon gebraut: einfaches und Doppel-Porter (brown stout). Letzterer hat den höchsten Malzgehalt und ist weniger wässrig.

Außerdem gibt es noch andere Biere von gutem Ruf in England, außer dem bereits erwähnten Ingwerbier[clxxxi] („Ginger-Beer“):

- das Holunderbier („Elderberry-Beer“),
- ein magenstärkendes Kräuterbier aus Wermut („Purl“ genannt),
- ein dem Rheinwein ähnelnder weißer Porter, („Old Hock“ genannt), aus bernsteinfarbenem Darr-Malz, Rohzucker und Hopfen erzeugt. Es wird meistens gebraucht, um schwachem und verdorbenem Porter aufzuhelfen,
- das „Amber“- oder „Towney-Beer“ von hellgelber Bernsteinfarbe, welches nicht sehr stark ist,
- das „Table-Beer“ (Tischbier), den deutschen Lagerbieren ähnelnd, doch mit Zusatz von Süßholz,
- das sehr helle „Reading-beer“, zu Reading in Perthshire aus blassem Gerstenmalz und aromatischen Kräutern gebraut.

Die bedeutendsten Bierbrauereien in England sind die der Herren Whitbread, Brown & Co. sowie Barclay, Perkins & Co., Meax & Co. (für Stout), Tetley & Son in London, J. & R. Tennent in Glasgow, Baß & Co. sowie S. Allsopp & Sons in Burton-on-Trent (für Pale Ale) und Buxton & Co. (für Porter), von denen jede jährlich über 100.000 Barrel Bier erzeugt.

Von der Größe dieser Brauereien kann man sich einen Begriff machen, wenn man bedenkt, dass die Brauerei von Barclay & Perkins einen Raum von 8 Acres Land (1 Acre = 1,585 Preußische Morgen) umfasst und dass sie im Jahr 1852 über 11.195.000 Bushel Malz (1 Bushel = 40 englische Pfund) an Gewicht verbrauchte.

Exportbier (ale for export) brauen die Firmen von J. & R. Tennent in Glasgow (für Ost- und Westindien) und Tetley & Sohn in London. Diese Variante ist stärker, alkoholischer und bitterer als das normalerweise getrunkene „pale ale" und das bereits erwähnte „Table-Beer". Alle verschiedenen Ale-Sorten werden aus ein und derselben Würze hergestellt, welche aus dem blassesten Malz ausgezogen und mit dem bleichsten und besten Hopfen gekocht wurde.

Eine andere, sehr beliebte Sorte ist das „Burton-Ale", wohingegen das einst so begehrte schottische Ale, besonders jene Sorte, die mit Honig versetzt wurde und „Aloa-Ale" hieß, mittlerweile nicht mehr populär ist.

Dass Bier in England ein allgemein beliebtes Getränk war, geht schon daraus hervor, dass ein unbekannter Dichter es zum Gegenstand eines humorigen Gedichts machte[clxxxii] und dass Oxforder Studenten Lobgesänge darauf verfassten[clxxxiii]. Den Begriff „Trunkenheit" bezeichnet man mit dem Wort „alecie". Auch die Statistik des Bierkonsums beweist es: In England macht er nämlich jährlich 60 Liter pro Kopf aus. Man hatte dort im Jahre 1830 7.670.100 Barrel Bier erzeugt. Davon waren 6.060.247 Barrel Starkbier und nur 1.609.853 Dünnbier, während in Frankreich lediglich 3.809.935 Hektoliter Bier im Jahre 1842 erzeugt wurden, in Paris aber doch auf jeden einzelnen Einwohner pro Jahr 14,5 Liter Bier entfielen. Vergleicht man nun hiermit den Bierkonsum in Deutschland, so ergibt sich für das Jahr 1840 hier Folgendes:

Wenn man den durchschnittlichen Pro-Kopf-Verbrauch in Preußischem Quart (1 Quart = ca. 1,145 Liter) rechnet, so ergibt sich folgende Tabelle[clxxxiv]:

24 Quart in Preußen.
132 in Bayern diesseits des Rheins.
65 in der Rheinpfalz.
41 in Sachsen.
71 in Württemberg
20 in Baden
25 in Kurhessen.
16 in Hessen-Darmstadt.
61 in Thüringen.
68 in Braunschweig.
24 in Nassau.
69 in Frankfurt.
10 in Lippe.
49 in Anhalt.
21 in Luxemburg.
9 in Birkenfeld.[5]

Über Schweden und Dänemark habe ich nichts erfahren können. Einzig über Norwegen hat mir mein Freund, der Märchensammler und Naturforscher, Herr Forstmeister Asbjörnsen aus Christiania, Folgendes mitgeteilt:

Da in Norwegen jeder zum Hausgebrauch frei brauen darf, ohne dafür Abgaben zu zahlen, lässt sich nicht einmal annähernd etwas über den Umfang der dortigen Bierproduktion aussagen. Im Allgemeinen weiß man aber, dass im Stift Bergen (besonders in Hardanger, Sogn und der Landschaft Vors oder Worsgeleien), in Nordland und in den inneren Gebirgstälern, auch in mehreren Gegenden des Stifts Trondheim sowie in den von den gewöhnlichen Fahr- und Wasserstraßen entfernt liegenden Gegenden verschiedene Biere auf den Bauerhöfen gebraut werden.

Am häufigsten geschieht dies zu Weihnachten, aber auch bei Hochzeiten und Leichenbegängnissen. Leichte Sorten werden zur Heuernte und an den Erntefesten gebraut, weil das Vieh zur Sommerzeit weit entfernt auf den

[5] Die im Original an dieser Stelle folgenden Statistiken finden sich im Anhang 3.

reichen Weiden der norwegischen Hochebenen weidet und in den Tälern keine Milch, sondern nur vergorene Molken („Syre“, „Myse“) zum Trinken zur Verfügung stehen.

Es gibt aber in Norwegen auch Brauereien, welche untergäriges Bier nach bayerischer Art brauen. Zwar stellt man es in Norwegen dem besten Bayerischen Bier gleich, jedoch zu Unrecht. Es schmeckt nämlich zu stark nach Pech vom Fass, hat einen nicht sehr angenehmen Nachgeschmack und zuviel Alkohol, so dass man leicht davon Kongestionen (Blutandrang) bekommt. Es ist aber sehr kräftig und wird direkt aus dem Fass eingeschenkt. Eigentliche Bierkneipen wie in Deutschland gibt es nicht, die Restaurants und Schankwirte verstehen auch nicht die Kunst, das Bier im Fass zu pflegen. Deshalb bekommt man es dort auch nur in Flaschen. An Mälzereien waren in ganz Norwegen von 1870 bis 1871 insgesamt 42 offiziell tätig, welche in Verbindung mit 40 Brauereien standen. Wie viele davon aber überhaupt Bier produzierten, war nicht zu erfahren, weil die Brauer es geheim halten.[clxxxv]

Es trinkt jede Person in Norwegen, die Kinder von der Wiege an mitgerechnet, aber durchschnittlich 20 Potter (= norwegisches Maß, 1 Liter entspricht 1,036 Potter) jährlich.

Das beste norwegische Bier, welches man im Hardanger in den Brauereien und auf den großen Bauernhöfen wie Hildal, Utne, Opedal usw. bekommt, ist das Hardanger Bier[clxxxvi], welches von den reisenden Engländern dem besten Schottischen Ale, dem „Burton-Ale“, gleichgestellt wird. Es schmeckt fast wie das Grüntaler Bier, welches man im Erzgebirge an der böhmischen Grenze bekommt. Leider verträgt es kaum die Seereise von Hardanger nach Christiania, sondern es verdirbt.

In Frankreich haben besonders die Städte St. Dié, Lille, Arras, Amiens, früher auch Metz, Lyon und Paris bedeutende Bierbrauereien, welche meist helles Bier brauen, und besonders Paris ist reich daran. Allerdings beweist der Erfolg, den die Dreherschе Commandite (mit ihren vier Gaststätten) sowie die Münchner (neben der neuen Oper) in dieser Stadt erzielten, am besten, dass den Franzosen ihr eigenes Bier nicht recht schmeckt. Vor der Weltausstellung gab es hier hauptsächlich Straßburger und Lyoner Bier. Das in Paris gebraute, welches meist aus Flaschen (ohne Hälse) ausgeschenkt wird, da es sich nicht gut hält, was am Wasser liegt, wurde nur an den Barrieren (boulevards extérieurs) ausgeschenkt, und im „Café du Grand Balcon“ (Boulevard d. Ital.) bekam man Frankfurter Bier. Ein Lokal, in dem man vorzugsweise Bier bekommt, heißt „café brasserie“, daher bekam man in der „Brasserie Guillaume Tell“ (Boulevard Strassbourg) nicht Pariser, sondern Straßburger Bier.

Man hat berechnet, dass jährlich 290.000 Hektoliter deutsches Bier hier getrunken werden, dies beträgt 85 % des ganzen Bierkonsums. Das „kleine Bier“ (petite bière) – der Haustrunk in den Familien –, betrug nur 15 % des Gesamtverbrauchs. Ein Hektoliter des ersteren, der 400 sogenannte Bocks (un bock = eine Tulpe) enthält, kostet den Cafetier 40 Francs, er muss aber 12 Francs, 50 Centimes Eingangssteuer bezahlen.

In Süditalien trinkt man gar kein Bier, in ganz Norditalien hauptsächlich importiertes aus Wien und Graz. Von den italienischen Brauereien ist die beste und aktivste die in Chiavenna.

Sechstes Kapitel
Das Bier im Orient, in Afrika und in Australien

Im Orient trank man im Mittelalter ebenfalls Bier, besonders in Ägypten, und man findet bei den arabischen Schriftstellern verschiedene Arten beschrieben. Der Arzt Ebn Maswyya unterscheidet vier Sorten, alle wurden „Fokka“ genannt. Aus diesem Wort machten die Neugriechen ihr „phuca“ welches bei den Türken „Posset“, „Chausset“ oder „Chousset“ genannt wurde. Eines dieser Biere wurde aus Gerstenmehl gebraut, dem man Pfeffer, Speiklavendel, Gewürznelken, Raute und Petersilie zusetzte. Die andere

Sorte wurde aus Brot, Petersilie und Krauseminze hergestellt, die dritte aus Honig, und die vierte mit Zucker zubereitet. Ein anderer arabischer Schriftsteller schreibt über diese Art Biere („Fokka"): „Es gibt eine Sorte, welche man mit Mehl aus gekeimter, dann getrockneter und gemahlener Gerste herstellt, welche man dann durch Zusatz von Krauseminze, Raute, Schwarzkümmel, Zitronenblättern und Pfeffer zur Gärung gebracht hat. Dieses Bier ist warm, austrockenend, oft faulig, kurz: sehr schlecht für den Magen. Es bringt Blähungen und Poltern darin hervor, und es greift die Kopfnerven an. Dadurch erfüllt es dieses Organ mit dicken, warmen Dünsten, die sich nur schwer wieder zerstreuen lassen. Manchmal erzeugt es auch Durchfall wegen seiner Schärfe und Fauligkeit, und bei denen, welche es regelmäßig zu trinken pflegen, bringt es Krankheiten der Blase und entzündeten Urin hervor. Weniger gefährlich ist jenes Bier, welches man aus Kornmehl, wohl bereitetem Brot, Petersilie und Mehl aus gekeimter Gerste braut. Es bekommt in erster Linie Personen von hitzigem Temperament. Leute von milderer Konstitution dagegen, fügen Gewürze dazu, welche dem Magen zuträglich sind, um die Winde, Blähungen und das Kollern im Leib, welches dieses Getränk hervorbringt, zu vermeiden und es überhaupt weniger erhitzend und außerdem magenstärkend zu machen. Durch ihr aromatisches Naturell stärken sie das Verdauungsorgan und absorbieren seine überflüssige Feuchtigkeit. Zu diesen Kräutern zählen Speiklavendel, Mastix, Zimt, Langer Pfeffer, Moschus, Kardamom, Muskat und Gewürznelken. Auf 20 Krüge Bier zerreibt man das Gewicht eines Mitscal (= ca. 4,78 Gramm) dieser Gewürze. Will man das Getränk schmackhafter machen, tut man in jeden Krug ein Herz (= Samenkapsel) Schwarzkümmel, zwei Zitronenblätter, etwas Raute und Krauseminze.

Man macht auch eine Art einfaches Bier aus Wasser, in welches man Brot aus feinstem Mehl eingeweicht hat. Man seiht es dann durch und setzt anschließend Moschus und Mastix hinzu und tut in jeden Krug ein Körnchen Krauseminze und Schwarzkümmel.

Es gibt noch eine andere Biersorte, die man in Ägypten „mazar" nennt, welche man aus Roggen, Gerste und Hirse herstellt. Dies ist ein Getränk, das stark berauscht, so wie gewöhnlicher Wein, obgleich es bei weitem nicht so stark und bekömmlich ist. Aber es erregt eine heitere, lustige und ausgelassene Stimmung und erzeugt einen wohlriechenden Atem. Im Übermaß genossen, verursacht es jedoch Übelkeit, Erbrechen, viele Blähungen und Beklemmung".

Hopfen oder Lupinen scheinen weder zu dem einen noch zu dem anderen Bier gebraucht worden zu sein, obschon sie in Ägypten durchaus angebaut wurden. Obgleich der Kalif Hakem Biamrallah Abu Ali Mansur im Jahre der Hedschra 395 das Bierbrauen und seinen Verkauf untersagte und Zuwiderhandlungen hart bestrafte, weil Ali, der Nachfolger Mohammeds, den Gebrauch dieses Getränkes den Gläubigen untersagt hatte, so frönte man trotzdem in Ägypten dem Biergenuss. Sonst hätte (um 1200 n. Chr.) der arabische Arzt Abdallatif in seiner „Beschreibung von Ägypten" (S. 314) nicht sagen können, das Volk verwende dort als Getränk eine Art Wein, der aus Getreide bereitet wird und den man „mazar" nennt, denn im 16. Jahrhundert begegnete es dort dem Naturforscher Belon[clxxxvii]. Es hieß damals „bouza". Dieses Wort ist persischen Ursprungs. Dasselbe Getränk, aus Gerste, ohne Hopfen und Gärmitteln wie Hefe zubereitet, begegnete auch sowohl in Oberägypten als auch in Kairo dem Reiseschriftsteller Wansleb, der es mit dem deutschen Bier vergleicht[clxxxviii].

Noch heute ist in Ägypten ein stark berauschendes Getränk unter diesem Namen weit verbreitet, besonders unter den gewöhnlichen Leuten und Nilschiffern. Man bereitet es zu, indem man stark gesäuertes Roggenbrot in ein großes, mit Wasser gefülltes Gefäß zerbröckelt und eine gewisse Menge Mehl aus gekeimten Körnern zusetzt. Nach der Gärung ist der „bouza" fertig. Eine andere Sorte stellt man aus Gerstenbrot und Mehl aus gekeimter Gerste her. Indessen heißt auch das aus Europa nach Ägypten exportierte Bier dort „bouza"[clxxxix]. Dasselbe Getränk, auf die geschilderte Weise zubereitet, fanden die Jesuiten im 16. Jahrhundert auch bei den Abessiniern, die es offenbar von den Ägyptern übernommen hatten. Übrigens stellt man in Ägypten noch ein anderes ähnliches Getränk her aus Reis, den man in Wasser so lange sieden lässt, bis er zu einer Art Rahm wird. Dann gießt man wieder Wasser dazu, damit er flüssig wird, und man vermengt hierauf diese Mischung mit Zucker und Honig. Solange bei diesem Gebräu kein Gärungsprozess eintritt, ist es als Getränk erlaubt. Wenn es aber vergoren ist, darf man es nicht mehr trinken[cxc].

Olaus Magnus[cxci] teilt uns im Übrigen sogar das Rezept eines in dem Reich des fabelhaften Priesters Johann in Indien gebrauten Bieres mit.

Die alten Peruaner vermochten schon vor Ankunft der Europäer eine Art Bier herzustellen. Wahrscheinlich war dies dasselbe, das man später in Nordamerika aus den jungen Nadeln der Weißen Nordamerikanischen Fichte bzw. aus Tannenschößlingen herstellte. Man kochte diese nämlich zu einem harzigen, klebrigen, bitteren, aber wohlriechenden Extrakt, „Sprüve" genannt, ein und erhielt daraus ein gutes Bier, wenn man auf 20 Kannen siedenden Wassers einen oder zwei Esslöffel dieses Extrakts tut und die Mischung aufsieden lässt. Nach dem Abkühlen gibt man ihm durch Sirup soviel Süßigkeit, dass das Getränk nur noch eine angenehme Bitterkeit behält. Ende des vorigen Jahrhunderts machte man auf einem Schiff, welches von Philadelphia nach China fuhr, die Erfahrung, dass das mitgenommene aus Tannenschößlingen gebraute Bier die gesamten Schiffsmannschaften gesund erhielt.

Ob die alten Chinesen Bier in unserem Sinne hatten, wissen wir nicht, aber Gmelin[cxcii] fand bei ihnen doch etwas Ähnliches unter dem Namen „Tarasun". Es war ein Bier aus Weizen, zu dem man noch ziegelsteinförmig gepressten Hopfen verwendete.

Zu den amerikanischen Brauereien finden sich Informationen im Anhang 3.

Siebtes Kapitel
Von bierähnlichen Getränken

Wir haben bereits die Kräuterbiere erwähnt, die in Deutschland schon im 16. Jahrhundert üblich waren, und wir wollen hier noch einige ähnliche Surrogate beschreiben.

Zuerst muss man das Fichten- oder Tannensprossenbier erwähnen, in England „spruce beer“ genannt (aus Pinus alba hergestellt). Es wurde bereits im vorherigen Kapitel beschrieben, und man braute es sowohl dort als auch in Nordamerika für die Marine.

Die Herstellung von „Spruce Beer“:

Man kocht vier Teile zerstoßene Fichten- oder Tannensprossen so lange in Wasser, bis sie gelb werden und die Rinde sich leicht abschält. Dann setzt man ¼ Teil Sirup oder 4 Teile Malz zu und lässt es abkühlen. Anschließend füllt man es in Fässer und leitet durch zugefügte Hefe die Gärung ein.

In Finnland und in Ingermannland kennt man das Wachholderbier, das angenehm süß schmeckt und sehr gesund ist. Allerdings ist es nicht lange haltbar, weil es bald sauer wird. Es wird folgendermaßen zubereitet:

Wacholderbier:

Man gibt auf 30 Pfund zerstoßene Wachholderbeeren 2,5 Eimer kaltes Wasser, das nach 24 Stunden abgegossen wird, nachdem sich die wasserlöslichen Bestandteile darin aufgelöst haben. Dann kocht man die Mischung im Braukessel ein, wobei sie fleißig abgeschäumt wird, um den harzigen, bitteren Geschmack des Wachholders zu entfernen. Über die festen Bestandteile wird dann nochmals Wasser gegossen und wieder abgezogen. Darin wird nun der Hopfen gekocht und dieser Absud mit dem ersten vermischt. Ist das Ganze lauwarm abgekühlt, versetzt man es durch Hefe in Gärung, und wenn die Hauptgärung vorüber ist, füllt man es in Fässer.

Eine andere Variante dieses Bieres hat der Franzose Kerandren für die französische Marine entwickelt:

Andere Variante:

Man verrührt in einem Gefäß, das 28 Liter fasst, 20 Kilogramm Melasse (Sirup) mit 20 Liter kochendem Wasser. Dann füllt man ein Bierfass mit diesem siedenden Wasser voll und hängt einen Sack mit 2 Kilogramm zerquetschten Wachholderbeeren hinein. Wenn die Flüssigkeit lauwarm geworden ist, rührt man 5 Hektogramm (500 g) Bierhefe ein und lässt dann das Ganze drei Tage lang gären und füllt es anschließend in Flaschen.

Nebenbei bemerkt bereitet man in England heutzutage das Fichtensprossenbier auf dieselbe Weise zu, nur gibt man in die Flüssigkeit 5 Hektogramm Fichtensprossenextrakt anstelle der Wacholderbeeren. Übrigens behaupten die Franzosen, so zubereitet halte sich das Wacholderbier sehr lange, obgleich man es bereits 8-14 Tage nach seiner Herstellung trinken könne.

Als bierähnliche Getränke muss man auch das Heidekrautbier erwähnen, das auf den schottischen Hebriden aus Gerstenmalz, Heidekraut und Hopfen gebraut wird, sowie den russischen „Quas“ oder „Quisitchy“, welchen man auf folgende Weise herstellt:

Für 100 Flaschen vermischt man jeweils 13,5 Pfund Roggen-, Hafer- und Gerstenmehl. Diese sollten jeweils zu gleichen Anteilen einerseits gekeimt sowie ungekeimt sein (daher brauner und weißer „Quas“). Diese Mischung rührt man dann ganz allmählich in kochendes Wasser ein und stellt den Kessel anschließend offen auf einen Ofen, dessen Temperatur niedriger ist als zum Brotbacken. Jede halbe Stunde rührt man den Sud einmal mit einem Holz um und gießt den nach drei Stunden entstandenen hellen Brei, der nun eine sahneähnliche Konsistenz besitzen wird, in einen großen Zuber. Dann ersetzt man die verdunstete Wassermenge, so dass sie wieder für 100 Flaschen ausreicht. Man fügt anschließend jeweils eine Handvoll getrocknete Pfefferminze (Mentha piperita) und Korinthen (Passulae minores) sowie die Bierhefe dazu, welche mit etwas weniger als einer Handvoll weißem Mehl geknetet wurde. Nun setzt man den Zuber ohne Abdeckung und ohne Umrühren einer Wärme von 20 Grad Réaumur (ca. 16° C) aus. Nach

48 Stunden füllt man den Sud dann in ein Fass, wo die Gärung stattfinden wird. Man stellt es 5-6 Tage in den Keller, füllt das Bier danach in Flaschen und kann es nach Ablauf von acht Tagen trinken[cxciii].

Das „Bragga" der Kosaken:

Man lässt Hafer und Gerste keimen, quetscht sie und kocht sie dann mit Hopfen. Danach schüttet man den Sud auf Roggen- oder Gerstenmalz, tut Hefe dazu, lässt es gären und füllt es ab. Dieses Getränk, das übrigens häufig noch mit Stutenmilch vermischt wird, ist sehr berauschend.

Weitere bierähnliche Getränke:

- Die „Scara" der Kalmücken wird aus Roggenmehl und Gerstenmalz bereitet, welche mit Schafgarbe (Achillea millefolium) versetzt werden.
- Der „Sackky" der Japaner wird aus Weizen, Gerste und anderen Getreidearten hergestellt.
- Das „Tchao-Mien" der Chinesen stellt man aus Weizen, Reis und Hirse mit Zucker her.
- Der „Atolla" der Mexikaner wird aus Mais und Wasser bereitet, dem sie noch Langen Pfeffer und andere Gewürze beigeben.
- Das „Nomi" der Araber und Mongolen wird aus Mais und anderen Pflanzen, Getreide und Obst gebraut.
- Die „Chicha" in Paraguay und Panama besteht aus Mais und Wasser.
- Der „Kumyß" (oder „Kumya-Hyss") der Kirgisen wird aus saurer Stutenmilch, Mais, Roggen und Gerste gebraut.
- Der „Tarassun" stellen die Tungusen aus Gerste, Weizen und ähnlichem Getreide her.
- Der „Saly" oder „Ur-Murt" der Wotjaken wird aus Malz und Honig gebraut.
- Der „Hock-Schuh" der Fidschi-Insulaner ist ein Gebräu aus Weizen.

- Der „Bas-Hee" der Lukonen wird aus Getreide, Zucker und Brombeeren hergestellt.
- Der „Quicou" der Hindus.
- Das „Cocouin" der Antillen wird aus Mais und Maniokwurzel gebraut.
- Das „Lurike" in Madeira besteht aus Getreide und Weintrauben.
- Das „Dhourra-Bouza" der Nubier braut man aus ägyptischer Hirse.
- Das „Sasois" der Abyssinier stellt man aus Getreide her.
- Die „Samsu" der Koreaner ist ein Reis-Bier.
- Das Bier der Einwohner von Sierra Leone ist aus indischem Korn.
- Das Bier der Schwarzen Zentral-Afrikas, welches der Afrikareisende Mungo Park[cxciv] bei ihnen kennenlernte, wird aus Holcus spicatus (einer Gräserart) und einer bitteren Wurzel gebraut. Bei den Manganjas, einem afrikanischen Volksstamm am Schirwa-See, nordwestlich von Quilimane, herrscht der Brauch, dass, wenn in einer Familie Bier (aus Korn) gebraut werden soll, man die Nachbarn einlädt. Jeder, Männer und Frauen, kommt dann mit Sicheln. Wenn nun das genossene Getränk seine berauschende Wirkung entfaltet, macht sich die ganze Gesellschaft auf und schneidet für ihren Wirt ein Feld Korn oder verrichtet andere landwirtschaftliche Geschäfte, um durch diese Arbeit die geistige Erregung durch die Rauschwirkung zu dämpfen.
- Das Bier der Bajeije am Ngami-See in Südafrika, gebraut aus sogenannter „Neger-Hirse" (Pennisetum Americanum)[cxcv].
- Das Bier in Virginien, welchem Melasse (Sirup) und Kleie beigemengt wurde.
- Das Bier der Kaffern, welches sie aus Getreide und Senf bereiten.
- Der „Maby" der Maracaiben aus Mais und Süßkartoffeln, die mit Sauerteig vergoren werden.
- Der „Cerub" der Mauren, bestehend aus Weizen, mit Gewürzen und Hanf oder Haschisch vermischt.

- Das „Masum“ der Kamtschatkalen aus Getreide, das mit Wurmfarnblättern (Polypodium filix mas.) und mit Honig vermengt und dann gegoren wird.
- Die „Argila“ im Orient, das mit Opium vermischt wird.
- Die „Cicca“ der Insel Mocha wird aus Mais gewonnen, den die alten Frauen angeblich mit ihren Zahnstümpfen kauen müssen, wobei ihr Speichel als Hefe dient. Dieses Gemisch wird in ein Fass getan und gären gelassen, nachdem man es mit Wasser übergossen hat. Angeblich gelingt dieses Bier umso besser, je älter das Weib ist, welches den Mais gekaut hat.
- Das Bier der Finnen und Lappen, bestehend aus Wachholderbeeren, Tamariske (Tamarix germanica) sowie anderen Kräutern, die mit Wasser vermischt und mit Rentiermilch versüßt wurden.
- Die „Blauta“ der Isländer, aus Getreide, Isländischem Moos und saurer Molke (Syre) gebraut, wozu noch Thymian oder die Blätter ihres Holta-Sollyg (Dryas octopetala) kommen.
- Das „Bejay“ der Tunkinesen, aus Getreide, Mais und Lechea, einer Lorbeerart, hergestellt. Die weniger Bemittelten trinken ein Getränk, das sich „Cham-Beng“ nennt und aus Getreide und blutrotem Tee (Ziegeltee) besteht. Die ganz Armen konsumieren dagegen ein ähnliches Getränk, welches „Chiaway“ heißt.
- Die „Oka“ („Acua“) der Peruaner.
- Die „Taddy“ auf der Insel Savu in Neuguinea wird aus dem Saft der Fächerpalme gebraut.
- Das Getränk aus der Orekapflanze auf Orea in Australien.
- Das „Aracle“ der Javanesen.
- Das „Aux“ auf Otaheiti, ein Getränk aus verschiedenen Getreidearten, mit Taumelpfeffer (Piper methysticum, Kava-Kava) gemischt.
- Der „Uyka“ auf Martinique aus Cassava, Süßkartoffeln, Bananen, Zucker usw.
- Der „Perino“ auf Barbados.
- Der Muchumor der Korjaken, ein Gebräu aus Fichten, Tannen, Roggen, Gerste und einer bei ihnen wachsenden Pflanze, die Naliv

(= Fliegenpilz) genannt wird. Es schmeckt angeblich so gut, dass die Armen, die sich dieses Getränk nicht zubereiten können, da nur die Vornehmen es bei ihren Festen genießen, um deren Häuser lagern und, wenn einer derselben uriniert, fangen sie seinen Harn in Schalen auf und berauschen sich damit.[6]

- Der „Sorbet" oder „Scherbet" der Orientalen. Dies ist ein Getränk von abgezogenem Wasser aus Rosen, Veilchen, Lindenblüten, Safran etc., das mit dem Saft von Zitronen, Limonen und Pomeranzen vermischt und dann mit Ambra, Moschus etc. gewürzt wird.[cxcvi]

Achtes Kapitel
Von merkwürdigen Wirkungen des Bieres und wundertätigen Bieren

Schon die Alten hielten das Bier für sehr gesund. Über das Doppelbier existiert ein Epigramm des griechischen Dichters Palladas in einer Anthologie[cxcvii], welches übersetzt lautet: „Nicht ohne Grund habe ich gesagt, dass im Doppelbier ein gewisses göttliches Getränk enthalten sei. Gestern habe ich einem, der am Viertägigem Fieber erkrankt war, solches gegeben, und er wurde sofort gesund", wenn nämlich die griechische Lesasart richtig ist. Ich halte sie für korrekt, denn warum sollte Doppelbier nicht gegen Fieber helfen?

Hier eine andere durch Bier bewerkstelligte Wunderkur:

Ein Werk über schottische Statistik[cxcviii] erzählt folgende Geschichte: In der Grafschaft Clackmannan in Schottland lebte ein alter Kohlenbergwerkarbeiter namens William Hunter, der schon lange an akutem Rheumatismus oder hartnäckiger Gicht litt, die ihn des Gebrauchs seiner Glieder beraubt hatte. Am Neujahrsabend des Jahres 1758 kamen einige Nachbarn zu ihm,

---

[6] Die bewusstseinsverändernden Inhaltsstoffe des Fliegenpilzes werden nämlich mit dem Urin ausgeschieden und bleiben wirksam. (Anm. Frank-Daniel Schulten.)

um den Abend bei ihm zu verbringen. Man trank Ale und wurde lustig, der frohe Zecher leerte sein Glas bei jedem Rundgesang, und weil Schottisches Ale ein verführerisches Getränk ist, aber auch ein ebenso treuloses und gefährliches, da es die Sinne verwirrt und zuletzt die Vernunft ganz überwältigt, so verlor zwar der gute William Hunter für den Moment seinen Verstand, aber von Stund an waren seine Beine wieder in Ordnung, und er machte noch zwanzig Jahre lang bewunderungswürdigen Gebrauch von ihnen.

Seit diesem glücklichen Abend durfte sein alter Feind, das Rheuma, ihm nicht wieder zu nahe kommen, und der gute Bergmann sorgte dafür, ihn in respektvollem Abstand zu halten, indem er das Mittel, welches sich für ihn so wohltätig erwiesen hatte, so oft wie möglich anwendete. Wer hätte ihn deshalb auch tadeln sollen?

Ebenso wunderbar ist die Geschichte, dass in Seeland ein Bierbrauer namens Tholen wunderbarerweise von den Toten auferstand und von nun an ein so gottesfürchtiges Leben führte, dass er nicht ohne Wunderzeichen von dieser Welt schied.

Von einer Witwe aus Sousberg bei Köln erzählt Cäsarius von Heisterbach (Bd. 3, Kap. 31), sie habe ein Brauhaus besessen, das Handwerk durch ihre Leute betreiben lassen und ihr Bier ausgeschenkt. Einst entstand nun an jenem Ort eine große Feuersbrunst, die zuletzt auch bis an ihr Haus vordrang. Da stellte sie in ihrer Herzensangst, weil Menschen ihr keine Hilfe brachten, in aller Eile alles Geschirr, mit dem sie gegen Bezahlung das Bier auszumessen pflegte, vor die Haustür, faltete ihre Hände und betete: „Allmächtiger Gott, sollte es sein, dass ich irgendeinem Menschen mit dem Maß, das ich ausschenkte, wissentlich Unrecht getan habe, so verzehre das Feuer, wie anderen geschehen, auch diese meine arme Behausung. Habe ich aber jedermann das Seine rechtmäßig gegeben und wie es das Gewissen erfordert, so sei Deine göttliche Barmherzigkeit diesmal mit mir!“ Siehe, das Feuer, welches alles ringsherum verzehrte, verbrannte der Frau Bierbrauerin auch nicht einen Strohhalm!

Indessen sind die Brauer nicht alle von so reinem Gewissen gewesen, wie das Bier war, welches sie siedeten. Man erzählt, es gebe Leute unter ihnen, die es mit Teufelskünsten zuwege brachten, dass ein anderer Zunftgenosse kein Glück im Sieden hatte. Der bekannte Anekdotensammler Hans Wilhelm Kirchhof erzählt in seinem *„Wendunmuth"*[cxcix] folgende den Brauern nicht gerade Ehre bringende Geschichte:

Es habe der Magistrat in verschiedenen Städten, damit das Publikum nicht durch schlechtes Bier betrogen werde, im Brauhaus in der großen Bütte ein „Zückel" und Kennzeichen gemacht, über das nicht hinausgegossen werden sollte. Außerdem machte er unter dem Strich noch ein Loch, damit ja die Verordnung in Bezug auf das richtige Maß an Malz und Wasser nicht überschritten werde. Die Brauer aber, besonders einige habsüchtige Bürger, bestachen den Braumeister, diese Bohrlöcher mit einem Zapfen zu verstopfen. Sie betrogen also den vereidigten Aufseher und zeigten ihn bei seiner Behörde an. Aber dieser ging des Nachts ins Brauhaus, wozu er einen Schlüssel hatte, und als er die Zapfen eingestopft fand, zog er sie ganz heraus und ließ das Bier auslaufen, so dass das Sprichwort wahr wurde, dass sie Hopfen und Malz, so viel sie in das ausgelaufene Bier verwendet hatten, mitsamt ihrer Arbeit verloren hatten.

Ein anderes Mal aber, vielleicht weil der Patron der Brauer in den katholischen Ländern ein Heiliger ist, nämlich Sankt Adrian oder Sankt Amandus, geschah mit dem Bier ein großes Wunder. Es wird von dem Heiligen Harthak, einem irländischen Bischof, nämlich geschrieben, Gott habe ihm seiner großen Verdienste wegen das Bier auf dieselbe Weise vermehrt, wie einst der Witwe zu Sarepta das Öl. Daher kommt wohl auch die in Deutschland oft vorkommende Verbindung von Kirche und Brauerei am selben Ort. Im Voigtland durften z. B. im 16. Jahrhundert noch manche Pfarrer Bier ausschenken. Ja, in der Kapelle zu (M.) Arles schenkte man ebenfalls zur Kirchweih viel Bier aus[cc].

Neuntes Kapitel
Aberglauben vom Bier und vom Brauen

Als Kennzeichen für die Öffentlichkeit trug einst jedes Haus, wo der Bierschank ausgeübt wurde, entweder – wie noch jetzt – einen Bierkrug auf ein ausgehängtes Schild gemalt, oder alternativ einen sogenannten „Bierkegel". Dies ist ein hölzerner, kegelförmiger Krug oder ein buntbemaltes Kreuz mit zwei solchen Töpfchen darüber. Als Zeichen frischen Bieres wurde es vor den Schenken ausgestellt.

Manchmal hing auch am Endteil einer Stange („Bierstange"[ccci] genannt) entweder ein grüner Laubkranz („Bierkranz") oder eine grüne Rute oder auch nur dürres Reisig („Bierreisig").

Zu diesem Zweck findet man aber auch alternativ ein Hexagramm in Form von zwei Dreiecken, die aus Holzlatten bestehen, welche symmetrisch zusammengefügt und bierfarben angestrichen sind. Dies besitzt große Ähnlichkeit mit dem Pentagramm, dem „Drudenfuß", das in manchen Ländern dem Vieh gegen den Alp und das Behexen um den Hals gehängt wird. Wahrscheinlich besteht zwischen beiden eine symbolische Verbindung.

In Deutschland existiert mancherlei Aberglauben über das Bier. So trinkt man in ländlichen Gegenden Norddeutschlands und im sächsischen Erzgebirge zur Fastnacht und am Weihnachtsabend viel Bier und Warmbier, denn sonst heißt es, schwinden die Kräfte, und man muss noch im selben Jahr sterben. In Mecklenburg ließ man noch im 18. Jahrhundert am Ende jedes Roggenfeldes einen Streifen ungemäht, flocht die Halme zu Büscheln zusammen und besprengte sie mit Bier (wie bei den bereits erwähnten alten Wotansopfern). Die Arbeiter bildeten dann einen Kreis darum, nahmen ihre Hüte ab, richteten die Sensen in die Höhe und sprachen dreimal: „Wode, hole deinem Ross nun Futter, nun Distel und Dorn, aufs andere Jahr besser Korn." Das den Arbeitern gegebene Bier hieß dann „Wodelbier".

In Oldenburg heilt man Schlangenbisse dadurch, dass man Bier trinkt, in welchem Eschenlaub gekocht wurde. Auf ähnliche Weise kuriert man in Mecklenburg Magenbeschwerden, indem man Bier genießt, welches auf ein gefundenes, glühend gemachtes Hufeisen gegossen worden ist.[ccii] Ich weiß leider nicht, ob der bekannte Frühlings- oder Pfingstvogel, jenes mutige, aber zänkische Geschöpf, der im Volksmund auch „Vogel Bülow" (Oriolus galbula) oder „Schulz von Bülow" heißt, seinen Namen „Pirolt", „Tirolt" oder „Berolt", „Bierholer", „Bierhold" von seinem Geschrei oder von irgendeiner mit dem Bier in Verbindung stehenden Sage bekommen hat.

Auch Brauer und Brauhäuser sind sagenumwoben. Bekannt ist der Aberglaube, dass Glücklichen in alten Brauhausgemäuern oft Braupfannen voller Gold erschienen sind. Will ein Brauer viel verkaufen, so besorgt er sich den Strick eines Gehängten, an welchem der Daumen des Toten noch hängt, und legt ihn ins Bierfass.[cciii] Einst ist im Jahre 1516 in einem Ort bei Schleitz eine Frau zu diesem Zweck früh hinaus zum Galgen gegangen, um diese Prozedur vorzunehmen. Da ist ihr aber der tote Körper mit den Füßen um den Hals gefallen und hat sie so festgehalten, dass sie sicher gestorben wäre, wenn nicht auf ihre Hilferufe Leute herbeigeeilt wären und sie erlöst hätten.[cciv]

Besonders wichtig ist aber, dass niemals eine Frau, welche ihre Periode hat, in eine Brauerei oder einen Bierkeller kommen darf, denn dann schlägt das Bier ganz sicher um.

Im Oldenburgischen muss noch heutzutage die Bierhefe, ehe sie in die Maische kommt, mit einem grünen Eichenzweig bestrichen werden. In Süddeutschland legen die Brauer bei Gewittern Nesseln neben das junge Bier, um es vor dem Umkippen zu schützen.[ccv] Wenn in Schweden beim Brauen ein Fremder eintritt, versäumt man nie, einen brennenden Scheit in die Braupfanne zu stecken.[ccvi]

Johann G. Schmidt, der Verfasser der „*Rockenphilosophie*"[ccvii], führt ebenfalls mancherlei diesbezüglichen Aberglauben an. Wir lesen bei ihm:

„(II. Hundert, 1) Wer aus einer Birke, die mitten in einem Ameisenhaufen gewachsen ist, hölzerne Schläuche oder Zapfhähne dreht und damit Wein und Bier verzapft, der wird geschwind ausschenken.
(II. H., 72) Wer die erste Kanne Bier aus einem Fass bekommt, soll geschwind damit fortlaufen, so geht das Bier bald ab.
(III., 99) Wenn einer dem anderen kosend zutrinkt, und der andere dankt es dem Ersten und prostet zurück, so kriegt er Läuse.
(IV., 1) Wer den Schluckauf hat, der stecke ein Messer in eine Kanne mit Bier und trinke einen guten Trunk in einem Zug davon.
(IV., 63) Wenn man Bier braut, soll man einen guten Strauß großer Brennnesseln auf den Rand des Bottichs legen, so schadet der Donner dem Bier nicht.
(IV., 77) Wenn beim Bierbrauen gesungen wird, so gerät das Bier wohl.
(IV., 86) Wenn ein Paar getraut werden soll, dann soll der Bräutigam vorher, ehe sie in die Kirche gehen, das Bierfass anzapfen und den Zapfen einstecken, sonst können ihm böse Leute einen Streich spielen, dass er der Braut die eheliche Pflicht nicht leisten kann.
(V., 65) Wer Bier ausschenkt, muss allezeit die erste Losung (das zuerst Gezapfte) unter den Zapfen des Fasses legen und solche nicht ausgeben, bis das Fass ausgeschenkt ist.
(V., 85) Wer am Karfreitag vor Sonnenaufgang drei Messerspitzen Hefe isst, dem schadet in diesem Jahr kein Trunk, er mag saufen, wie er will.
(VI., 53) Wer Bier holt, soll dabei nicht urinieren, sonst bekommt er die Kalte Pisse (= quälender, tröpfelnder Harndrang).
(VI., 67) Wer Bier im Bottich stehen hat, der soll, ehe das Bier gefasst [ins Fass gefüllt] wurde, keinen Brotteig in seinem Haus machen, es wird sonst alles sauer.
(VI., 74) Wenn man Milch, Bier oder Wasser im Ofen am Feuer stehen hat, für eine Suppe oder einen Brei, soll man solches ja nicht überlaufen lassen beim Sieden, es werden sonst die Kinder fratt (= wundgescheuert)."

Dies sind Regeln für Brauer und Privatleute, die man noch im 18. Jahrhundert sehr sorgfältig beachtet hat.

Die Nixen und Kobolde haben besonders in Thüringen und im Voigtland ebenfalls stets viel mit dem Bier zu tun gehabt. Die in der *„Großen Zwerghöhle“* bei Stublach wohnenden Zwerge halfen beispielsweise den Geraer Bürgern nicht nur beim Brotbacken, sondern auch beim Bierbrauen. Dasselbe taten auch die Nixen. Sie verliehen oftmals an Bürger, welche brauen wollten, ihre Braupfannen gegen eine Art Naturalzins in Form von Brot und Bier. Daher nennt man den Teich in der Lichtenau im Voigtland den *„Braupfannenteich“*. Bei Lössettern im Reußischen trank einst ein Spaßvogel das als Bezahlung in die Braupfanne hineingetane Bier aus. Er aß das Brot, und entleerte sich dann auch noch in das leere Gefäß. Von da an borgten die Nixen es nicht wieder aus.

Auch Frau Holle (die Perahta oder Perchtha) scheint gerne Bier getrunken zu haben. Sie pflügt auf einem dreieckigen Acker bei Döbritz im Voigtland. Einst sollte ein kleines Mädchen aus dieser Gegend Bier aus Bodelwitz holen. Bei ihrer Rückkehr sah sie Frau Perchtha auf dem Pflug sitzend. Diese nahm dem Kind den Krug ab, trank ihn aus und ließ dann ihr eignes Wasser hineinlaufen. Das arme Kind aber war so erschrocken, dass es schwieg, auch als es sah, dass sich die Leute zu Hause dieses Perchthenbier, das gar nicht versiegen wollte, köstlich schmecken liessen. Als das Mädchen aber das Geheimnis offenbarte, war der Krug augenblicklich leer.

Die Nixen und Kobolde hüten auch die Bierkeller. In Reichenbach im Voigtland ging einst eine Wöchnerin in den Keller, um Bier zu holen. Da trat der Nix an sie heran und sprach zu ihr: „Hättest nicht Dornet und Dosten (bei dir,) solltest Bierle nicht kosten.“

Im Keller eines Hauses auf dem Steinweg bei Gera spukt einer, der im Leben ein Freigeist war und nie zur Kirche und Kommunion gegangen war. Man hört ihn oft dort singen. Er hockt sich den Bier holenden Mädchen auf die Schultern und drückt sie so sehr zusammen, dass sie blaue Flecken auf den Achseln als Spuren seiner Finger tragen.

Zuweilen scheinen diese Biergespenster die Form von Biertonnen anzunehmen. An vielen Orten im preußischen Voigtland kommt dem Wanderer des Nachts oft ganz plötzlich eine schwarze Gestalt in Form einer Biertonne entgegengerollt. Sie wälzt sich vor ihm herum und verschwindet dann, nachdem sie ihn die ganze Mitternachtsstunde so festgehalten hat. Zuweilen ist diese Biertonne ganz feurig. Ein anderes Mal aber tanzen um Mitternacht sämtliche Biertonnen im Braukeller, z. B. in der alten Postersteiner Brauerei.[ccviii]

Beim Dorf Fischbach im Bayerischen Landgericht Nittenau am Regen erheben sich mächtig die Ruinen der alten Bergfeste Starkenfels in die Wolken empor. In der Tiefe der alten Mauertrümmer geht es sehr lebhaft zu, denn da ist ein alter, tiefer, verschütteter Brunnen. Dorthin sind alle verstorbenen Brauer der Nachbarschaft – besonders Regensburgs – hineingebannt, welche ihr Bier mit Wasser panschten. Sie müssen einander vom tiefsten Grund bis an den Rand des Brunnens immer wieder Wasser hochtragen, welches dann der zuoberst Stehende wieder hinabschüttet. Erst dann wird einer von ihnen erlöst, wenn er genauso viel Wasser gebracht hat, wie er zu Lebzeiten über das erlaubte Maß Hopfen und Malz und mit Wasser gepanscht hat. In jüngster Zeit soll aber dort kein Platz mehr für neu hinzugekommene Bewohner sein.[ccix]

In der Normandie existieren einige sonderbare Gebräuche und abergläubische Ansichten, welche den Namen „bière“ führen. Man nennt dort beispielsweise eine blaue Ader, welche sich zuweilen in der oberen Nasenwurzel des neugeborenen Kindes zeigt, „bière“, und man glaubt, dass ein Kind, welches eine solche hat, bald sterben muss. Man sagt dann, es sei „malade de la bière“.

In dieser Provinz sieht man auch des Nachts auf den Kirchhöfen und den Chausseen große, weiße Särge herumspazieren. Zuweilen legen sie sich quer über die Öffnungen der Pfahlzäune, welche die einzelnen Grundstücke der Feldbesitzer begrenzen. Muss nun jemand durch einen solchen Weg, so muss er erst den Sarg höflich grüßen, ihn dann vollständig von einem Ende zum anderen umdrehen und ihn, wenn er durch die Öffnung hindurchgegangen ist, genauso wieder hinstellen, wie er zuvor gestanden hatte. Tut er dies nicht, so ist er verloren. Diese Särge heißen ebenfalls „bières“.[ccx] Hier ist aber natürlich nicht an „bière", also „Bier", zu denken, sondern an ein zweites, ähnlich klingendes Wort, nämlich „bière" (Sarg, Bahre). Auf dieselbe Etymologie wird auch jene blaue Ader, „bière", zurückzuführen sein.

Zehntes Kapitel
Der Bieresel

Die erwähnten Bierkeller-Kobolde leiten uns nun zu jenem wundersamen Biergespenst über, welches ebenfalls in den Bierkellern zu Hause ist, nämlich den Bieresel, den man mit der Empusa[ccxi], einem Schreckgespenst der alten Griechen, verglichen hat, was jedoch unbegründet ist. Eher könnte man ihn vom eselreitenden Silenus des griechischen Altertums ableiten[ccxii].

Heimisch war er einst in Ruhla in Thüringen. Er war ein Gespenst in Gestalt eines großen Esels, bald drei-, bald vierbeinig, welcher des Nachts in der zwölften Stunde im Ort herumschlich und den Männern, welche dann erst aus dem Bierhaus heimgingen, auf den Rücken aufhockte und sich von ihnen rasch, gewöhnlich bis an ihre Haustür, tragen ließ. Dann sprang das Gespenst herunter und war nicht mehr zu sehen. Anderen Leuten tat es nichts, es war für sie noch nicht einmal sichtbar.[ccxiii]

Bei Schwednitz in der Nahe von Altenburg liegt die *„Katzenmühle"*. Auf der Anhöhe oberhalb dieses Gebäudes hielt sich früher ein Bieresel auf. Der kam alle Abende in die Mühle, wo ihm ein bestimmtes Maß Bier hingestellt werden musste, welches er austrank. Nun übernachtete einmal in der Mühle ein Bärenführer mit seinem Bären, und als der Bieresel eintrat, und bald auf den einen, bald auf den anderen sprang, machen sich diese über ihn her und zerzauselten ihn gewaltig, so dass er nur mit großer Mühe davonkam. Da ist er nicht wieder gekommen. Als er aber am nächsten Tag den Müller von der Höhe herab sah, fragte er ihn: „Müller, hast du deine bösen Katzen noch?". Und davon bekam diese Mühle den Namen *„Katzenmühle"*.[ccxiv]

Zu Steinbach in Thüringen, hinter dem Wirtshaus am Wassergraben, da geht er auch um. Einst kam ein gewisser Poppo Johann Andreas, der ziemlich lange im Wirtshaus gesessen und tüchtig gepichelt hatte, auf den Gedanken, es sei nun an der Zeit, nach Hause zu gehen. Kaum war er aber zur Türe heraus, da sprang ihm schon der Bieresel auf den Rücken, und er wurde ihn nicht eher los, als bis er auf der „Kälberzahl“, jener Gasse, wo er wohnte, angelangt war. Darüber war er aber so erschrocken, dass er kurz darauf starb.[ccxv]

In Grimma, im Königreich Sachsen, ist er auch zu Hause.[ccxvi] Geht man hier zum Papischen Tor heraus und wendet sich, statt nach dem Kirchhof zu gehen, nach rechts, so stehen dort mehrere Scheunen mit der Rückseite an einen hohen Berg gelehnt. Eine davon besitzt einen Keller, der in diesen Berg hinführt. Da wohnt er. In der Nacht leidet er niemanden darin. Ja, er kommt zuweilen heraus und erschreckt die Vorübergehenden.[ccxvii]

Im Dorf Grochwitz bei Torgau wohnt er ebenfalls in einem Keller. Dort macht er sich aber nützlich. Er schafft Bier ins Haus, spült die Flaschen und Gläser aus und wäscht die Tische ab. Dafür aber muss man ihm des Nachts einen Krug Bier hinsetzen, sonst wird er ärgerlich und zerschlägt alles.[ccxviii]

Im Reußischen Voigtland, wo sein Name als Schimpfwort[ccxix] gilt, wohnt er in alten Gemäuern, in Häusern von Geizhälsen und in Wirtshäusern. Er besucht in Menschengestalt die Kneipen, setzt sich da unter die Gäste und trinkt ihnen ihr Bier aus[ccxx]. Solange man ihn nicht neckt, tut er niemandem etwas zu Leide, und er geht ruhig wieder fort. Nur den spät nach Hause zurückkehrenden Säufern hockt er auf.[ccxxi]

Elftes Kapitel
Bierorden, Bierfestlichkeiten und Biergesellschaften

Zu Anfang des 15. Jahrhunderts scheint eine Art Bierorden existiert zu haben. Der Historiker J. Chifflet beschreibt nämlich in seinem *„Lilium Francicum“*, einer Art Lobpreisung der französischen Lilie, einen burgundischen Orden, den *„Ordo lupuli“*, also den *„Hopfenorden“*.[ccxxii] Er schreibt, diese Gemeinschaft sei von Johann dem Furchtlosen (Jean sans-peur), dem Herzog von Burgund, gestiftet worden. Er wollte sich damit die Gunst der flandrischen Bürger erwerben, deren erster Graf er durch Erbfolge geworden war, weil der Hopfen eine der Haupterwerbsquellen dieses Landes bildete.

Das Ordenszeichen bestand aus dem vollständigen Wappenschild dieses Fürsten mit dem Hobel ganz oben. Dieses besitzt vier Felder, von denen je zwei die französische Lilie, die beiden anderen aber drei Querbalken führen: In der Mitte befindet sich wiederum ein kleines Schildchen mit einem schwarzen Löwen, der seine rote Zunge heraussteckt und rote Klauen besitzt. Auf beiden Seiten stehen horizontal die Worte *ICH ZVJGHE (Ich schweige, ego sileo)*, und das Ganze ist mit einem goldenen Kranz von Hopfenblättern und Hopfenblüten umgeben.

Wahrscheinlich wurde dieser Orden bereits 1406 gestiftet, ist aber mit dem Tod seines Gründers (1419) erloschen. In seinem Buch über Ritterorden schreibt von Biedenfeld[ccxxiii], ein altes Lied handle von diesem Orden, und darin heißt es, der Hopfenkranz sei lediglich das Zeichen einer fürstlichen Trinkgenossenschaft gewesen, die dem heiligen Gambrinus wöchentlich einmal gehuldigt und den Herzog als Vortrinker gehabt habe. Aber leider nennt er dieses Lied nicht, und ich habe es ebenfalls weder unter den französischen noch den flandrischen Volksliedern entdecken können. Herr Röse, der dieses Thema in *„Ersch und Grubers Encyclopädie“*[ccxxiv] abhandelt, weiß ebenfalls nichts von einem solchen Lied als Quelle, und er bemerkt, es sei auffällig, dass weder ein Historiker aus jener Zeit noch ein Heraldiker vor Chifflet dies erwähnt.

Er glaubt übrigens nicht, dass es sich beim „Hopfenorden“ um eine Trinkgesellschaft gehandelt hat, sondern eher um eine politische Stiftung zum Zusammenhalten der Burgundischen Partei gegen die von Orleans und Armagnac. Wie dem auch sei, der Hopfenorden war der erste und einzige offizielle Bierorden. Schade nur, dass wir seine Mitglieder und Ritter nicht mehr kennen. Aber wahrscheinlich war Johann von Burgund ein großer Bierfreund und vielleicht sogar das Urbild des Gambrinus in den bereits beschriebenen flandrischen Bierstuben.

In Deutschland spielte das Bier von jeher eine große Rolle bei vielen Festlichkeiten. Noch heute begeht man an zahlreichen Orten auf dem Land das sogenannte Pfingstbier, d. h. eine Zusammenkunft, wo die Einwohner eines Dorfs oder die Mitglieder einer Zunft in der Pfingstwoche an einem bestimmten Tag eine gewisse Menge Bier vertilgen.

Auch der Tauf-Schmaus wird in verschiedenen Teilen Deutschlands „Kindelbier" genannt. Ja, in Westfalen dürfen selbst kinderlose Eheleute ein solches Fest wenigstens einmal im Leben veranstalten. An manchen Orten geht man nach einem Begräbnis zum „Leichenbier", „Totenbier" oder „Totentrank". In Bayern und auch anderswo in Deutschland auf den Dörfern erklärt ein junger Bursche seine Liebe dadurch, dass er seinen Schatz „ui Biere" führt, und in Altbayern sagt man: Wer unvermutet oder jählings mit jemandem in Streit gerät, der „ist mit diesem beim schlechten Bier zusammengekommen". Statt einfachem „Trinkgeld" gibt man oft „Biergeld". „Schlussbier" heißt an manchen Orten das vom Brauherren für seine Maurer beim Abschluss eines Gewölbes gegebene Fest. Auch bei den Bergleuten spielt das Bier bei vielen Festen eine große Rolle. Ein „Erntebier" geben noch heute viele Gutsbesitzer ihrem Gesinde und den Tagelöhnern am Ende der Ernte. Dass man diese Feier zum Abschluss der Roggenernte im Schaumburgischen „Wadelbier"[ccxxv] nennt, bedeutet dasselbe wie das bereits erwähnte Wodelbier.

In Königsberg in Preußen feierte man früher das „Schmeckebier". Darüber existiert folgende Sage: Ein gewisser Hans von Sagan, seines Zeichens ein Schuhknecht und Bürgersohn aus Königsberg, hat in der Schlacht von Rudau (1369), als die Seinigen schon geflohen waren, die von ihnen weggeworfene Fahne aufgehoben und die Flüchtigen gesammelt und abermals zum Angriff geführt.

Nach einer anderen Version soll er, als er die Feinde gen Königsberg marschieren sah, vom Haberberg herabgeeilt sein. Er zog die Brücke hoch und alarmierte die Bürger. Dadurch blieb der dortige Kneiphof dem *Deutschen Orden* erhalten, und dieser sagte seinem Retter zum Lohn für seine Tapferkeit die Erfüllung einer Bitte zu. Hans aber erbat für sich und seine Genossen eine gute Menge an Bier, welches sie auch erhielten. Der Orden bestimmte dann, dass zur Erinnerung an dieses Ereignis jährlich am Himmelfahrtstag im Königsberger Schloss ein prachtvolles Abendessen veranstaltet werden solle, wo sich jeder mit Essen, Trinken und Tanzen gütlich tun konnte. Dieses Fest bekam dann den Namen „Schmeckebier", weil es vielen dort oft so gut geschmeckt hatte, dass man sie nach Hause führen musste.[ccxxvi]

Das Bier nimmt in Deutschland auch eine wichtige Stelle sowohl bei den Pfingst- als auch bei den Maifestlichkeiten ein.[ccxxvii] In der Gegend von Pilsen wird jährlich im Mai ein Pfingstfest gefeiert, welches das „Königsspiel" heißt. Bei diesem tritt außer dem König, dem Richter, dem Ausrufer und dem Scharfrichter oder Froschschinder (d. h. dem Spaßmacher) auch der sogenannte „Bierreiter" auf. Er trägt die Fahne und hat die Pflicht, von Zeit zu Zeit bei dem Aufzug, welcher zu Pferde erfolgt, aus dem Wirtshaus ein Glas mit frischem Bier zu holen und es den Hauptdarstellern zu überreichen.

In Norddeutschland, besonders in Thüringen, werden noch heute die „Pfingstbiere" abgehalten, welche vom Sonnabend vor Pfingsten bis zum darauffolgenden Dienstag dauern. Sind die Burschen eines Dorfs darüber einig, ein solches Pfingstbier zu veranstalten, dann wählen sie einen Einschenker, der dann das Faktotum bei der ganzen Festlichkeit ist. Dies geschieht bereits lange vor Pfingsten. Nun fährt dieser in Sonntagskleidung und in Begleitung eines der jungen Burschen feierlich von Gehöft zu Gehöft. Er lädt dann in wohlgesetzter Rede im Namen der Pfingstgesellschaft die Bauern zur Teilnahme am Pfingstbier ein und fordert zum „Einschütten" auf. Daraufhin gibt man ihm entweder Geld oder einige Metzen (in Bayern umfasste 1 Metzen ca. 37,05 Liter) Gerste, welche auf den Wagen geladen werden. Nun wird unter Beihilfe einiger junger Burschen daraus Bier gebraut und in den Kellern der Schenke gelagert. Dann versammeln sich die Pfingstburschen zur weiteren Besprechung des Festablaufs, denn am Pfingstabend muss alles in Ordnung sein, da die Pfingstjungfern dann schon durch Maibänder ausgezeichnet werden.

Junge Birken, Buchen oder Pappeln werden nun unter Musikbegleitung aus dem Wald geholt und in der Nacht vor die Türen der Pfingstjungfern, des Pfarrers, des Schulmeisters und des Ortschulzen sowie vor der Kirche gepflanzt. Auch wird ein Platz vor dem Wirtshaus festgestampft oder mit Dielen belegt und mit grünen Zweigen geschmückt. Dies ist der Tanzplatz, die „Sommerlaube". Der Pfingstsonntag ist dann ausschließlich zur kirchlichen Feier bestimmt. Erst nach dem Nachmittagsgottesdienst des zweiten Feiertages fangen Spiel und Tanz an. Die Pfingstjungfrauen werden dann von ihren Tänzern einzeln mit Musik abgeholt. Man zieht paarweise zur Sommerlaube, und der Tanz beginnt. Der Einschenker in weißen Hemdärmeln und mit einem mächtigen Blumenstrauß geschmückt, zapft das Pfingstbier an und reicht jedem Festteilnehmer unter Musiktusch den Festtrunk in einem mit Bändern und Blumen verzierten Steinkrug. Zeigt sich ein Fremder in der Laube und tut dem Freitrunk Bescheid, wird er durch Blasmusik mit dem sogenannten „Rundblasen" geehrt.

Am dritten Feiertag verkleiden sich die Burschen und halten einen Umzug. Bei jenen Spendern, welche sich am Freibier beteiligten, wird Halt gemacht. Die Musik spielt nun auf, und der Einschenker, der auf einem Karren eine Tonne Bier mit sich führt, reicht dem Hauswirt einen Trunk. Die Hausfrau muss nun Lebensmittel spenden, die dann in der Schenke verzehrt werden, wo der Einschenker mit einem Teller voll Salz bei den Tänzerinnen herumgeht. Er lässt sich von ihnen Geld dort hineinlegen, steigt dann auf einen Stuhl und spricht mit einer gereimten Rede seinen Dank aus.

Bei den Polen und den alten Preußen gab es bekanntlich einen Biergott. Bei den ersteren hieß er „Rauguzemapat" (von „rugti" = „gären", d. h. „Herr der Gärung"). Beim Bierbrauen brachte man ihm ein Trankopfer dar, und jeder erste Trunk vom frisch gezapften Bier oder Met, welchen man „Nulaidimos", d. h. „das Ablassen/ Abzapfen" nannte, musste vom Hausherren als Opfer für den Gott genossen werden. Auch dem Schweinegott Cremara wurde als Opfer Bier auf den brennenden Herd gegossen.

Die alten Preußen, welche ihren Glauben von den Polen übernommen hatten, nannten ihren Biergott, welcher auch über den Met herrschte, ebenfalls „Rauguzemapati". Wie sie ihn bildlich darstellten, ist uns unbekannt, aber wir wissen, dass das Bier in ganz Preußen, Kurland, Litauen und Lievland bei gewissen Festen eine große Rolle spielte. Dazu gehört das von den Letten und Litauern für den Gott Pergubros am 22. März oder 23. April gefeierte Frühlingsfest:

Die Bauern eines Dorfs kamen dann, bevor der Feldbau begann, bei einigen Fässern Bier zusammen. Der Priester nahm eine Schale voll Gerstensaft, hielt eine Lobrede auf Pergubros, ergriff den Rand der Schale, ohne seine Hände zu gebrauchen, mit den Zähnen, schlürfte sie aus und warf sie dann mit dem Mund rückwärts über den Kopf. Ein anderer Priester fing sie auf, füllte sie erneut und rief nun den Gott Perkunos an. Er leerte sie, und nachdem er sie wieder gefüllt hatte, rief der Priester die Götter Schwaixtix und Pelvit an und bat sie um ihre Hilfe und Schutz für Feld und Haus. Dann wurde wieder getrunken, und nachdem man noch mehrere Götter angerufen hatte, ging die Schale unter allen Anwesenden herum. Jeder leerte sie, und schließlich wurde getanzt und geschmaust.

Fast genauso verfuhr man beim ersten Erntefest, welches den russischen Namen „zazinek" (d. h. „Anfang der Ernte") trägt, weil es noch vor der eigentlichen Ernte gefeiert wurde. Beim zweiten, welches „ozinek" („Ende der Ernte") hieß, und das Ende Oktober abgehalten wurde, geschah dasselbe. Auch bei dem zu Ehren des Flachsgottes Waizganthos in Litauen gefeierten Jungfrauenfest (am 5. November) vergaß man das Bier nicht. Das größte Mädchen im Dorf füllte dann ihre Schürze mit Kuchen („Sikies" genannt), und trat mit einem Fuß auf einen Stuhl. In der linken Hand hielt sie dabei ein Stück Lindenbast, in der rechten aber einen großen Krug Bier. Sie betete zum Flachsgott, er solle den Hanf hoch wachsen lassen, trank schließlich den Krug aus, füllte ihn wieder auf und goss nun das Bier dem Gott als Trankopfer auf die Erde. Anschließend warf sie den Kuchen für die Anwesenden zum Schmause hin. War sie dabei mit dem einem Fuß fest und gerade stehen geblieben, so galt dies als ein gutes Omen, wenn nicht, als schlechtes.[ccxxviii]

In England, wo das Bier (ale) eine große Rolle spielte, benannte man, wie übrigens heute noch in Holstein, zahlreiche Feste danach. So wissen wir von “Bride-ales”, “Clerk-ales”, “Give-ales”, “Lamb-ales”, “Leet-ales”, “Midsummer-ales”, “Scot-ales”, “Whitsun-ales” usw[ccxxix].

Die bemerkenswertesten sind das „Whitsun-ale“ in Oxfordshire, das „Lamb-ale“ und das „Kurch-ale“. Bei dem ersten, dem Pfingstbier, erwählt man zuerst einen „Lord“ und eine „Lady of the ale“, welche sich so phantasievoll wie möglich für dieses Amt herausstaffieren. Dann sucht man eine große, leere Scheune als Lokal für die Festlichkeit aus und setzt dort Stühle für die Gesellschaft hinein.

Nun kommen die jungen Burschen und Mädchen aus dem Dorf dorthin, um zu tanzen und zu schmausen, und jeder Jüngling schenkt seiner Schönen ein Band oder einen Schmuck. Dann treten der Bierlord und die Bierlady ein. Sie sind begleitet von ihrem Oberhofmeister, dem Schwertträger, dem Seckelträger und dem Schleppenträger, von denen jeder die Zeichen seines Amtes an sich trägt. Meistens haben sie auch noch einen Pagen bei sich, welcher der Bierlady die Schleppe trägt, sowie einen Hofnarren in einer buntgescheckten Jacke, der durch Fratzenschneiden und zotige Witze die Gesellschaft zu erheitern versucht. Die Musik, welche den Bierlord begleitet und die aus einer Pfeife und einer Handtrommel besteht, spielt dann zum Tanz auf. Dieses Fest stammt noch aus der Zeit der normannischen Könige und hieß damals „drink-lean“.

Das „Lamb-ale“ wurde zu Kidlington in Oxfordshire folgendermaßen gefeiert: Am Montag nach Pfingsten wurde ein fettes, lebendiges Lamm angeschafft und fortgejagt. Die Mädchen aus der Stadt mussten ihm mit zusammengebundenen Händen hinterherlaufen. Diejenige, die es schaffte, es mit den Zähnen festzuhalten, wurde zur „Lady of the lamb“ ernannt. Dann trug diese Dame mit ihren Gefährtinnen das inzwischen geschlachtete Lamm (mitsamt Fell) auf einer Stange zum Gemeindeanger. Dort wurden dann zwei sogenannte „Mohrentänze“ aufgeführt, einer von lauter Männern, der andere ausschließlich von Frauen. Nun verbrachte man den Tag mit Essen, Trinken und Tanzen. Am folgenden Tag aber wurde das Lamm gebraten, gekocht und gebacken und auf die Festtafel gesetzt, wo die Lammdame mit ihren Gefährtinnen am oberen Ende der Tafel den Ehrenplatz hatte, und hier wurde dann das Tier unter Musikbegleitung vertilgt[ccxxx].

Das „Church-ale“ war ein Fest, welches zum Andenken an die Einweihung einer Kirche gefeiert wurde, eine Art Kirchmess. Dazu wurden aus der Gemeinde zwei Aufseher oder Herolde gewählt, welche im Dorf herumgingen und bei den einzelnen Dörflern einsammelten, was jeder geben wollte. Davon kauften sie Getränke und Backwerk, und diese wurde zu Pfingsten verzehrt. An anderen Orten schafften sie aus dem Kirchenvermögen und aus freiwilligen Gaben der Einwohner eine bestimmte Menge Malz an. Daraus wurde ein starkes Bier gebraut und dies teils in der Kirche, teils an einem anderen Ort zum Besten der Kirche verkauft[ccxxxi]. Etwas Ähnliches war das Fest, das man am 22. Mai jedes Jahres in East-Bourn, einem Dorf in Sussex, in der Kirche feierte, und das „Tops and ale“ hieß.[ccxxxii]

Zwölftes Kapitel
Bierspiele auf den deutschen Universitäten

Eine Sauf- und Singgesellschaft wurde 1860 in Straßburg unter dem Namen *„Academie du Petit Cheval Noir“* gegründet, benannt nach dem Wirtshausschild der dortigen berühmten „Voltz’schen Bierbrauerei“, wo sie sich versammelte. Sie wählte bei ihrer Gründung einen Präsidenten, der seine Wahl mit einem Bierlied feierte, von dem folgende Strophen eine Probe sein sollen[ccxxxiii]:

De mon pouvoir pour montrer la sagesse,
Je veux, messieurs, ne pas légiférer,
En mes Etats la bière est la maitresse
Et Meinherr Voltz la fera respecter.
Mais s’il allait — en vérité, je n’ose

Prévoir ce fait — la laisser décliner,
D'y plonger Voltz, messieurs, je vous propose;
Jusqu'à cent ans je veux vous presider (bis).
En nos chansons, la muse gracieuse
Tant en jouant, saura se limiter;
Elle saura sans être précieuse
Faire sourire, et non pas chuchoter;
Mais si, parfois, et malgré ma défense
Un chant trop gras venait à résonner,
Honni soit-il, celui qui mal y pense;
Jusqu'à cent ans je veux vous présider (bis).

Jeder, der auf einer deutschen Universität studiert hat, weiß, dass in den Kneipen an bestimmten Tagen eine „Bierverbindung" zusammenkommt, welche den Namen „Bierstaat" trägt. Diese tagt dann in einer sogenannten „Burg" oder einem „Schacht", und sie besitzt einen Trinkvorsteher. Dieser trägt entweder den Namen „Bierkönig"[ccxxxiv] oder „Bierherzog", „Großherzog", „Nassgraf", „Biergraf", „Aar", „Popp", „Trunklieb" oder „Durstenreich". An der Biertafel sitzt er ganz oben, idealerweise unter dem an der Wand aufgehängten Bild des Gambrinus. Er besitzt unbeschränkte Gewalt als Leiter des Bierkomments und ist der Anführer dieses „Bierstaates". Wie alt diese Sitte ist, lässt sich heute nicht mehr sagen, obwohl wir bereits eine Art Saufkomment des Mittelalters erwähnten. Es kann jedoch sein, dass dieser Brauch nicht älter ist als die Landsmannschaften. Jedenfalls fällt die Gründung vieler Bier- und Weinkomments (letztere existieren aber nur in Bonn, Würzburg und Heidelberg) erst in die Jahre 1820-40.

Aber im 16. Jahrhundert scheint es bereits solche Vereinigungen gegeben zu haben, denn Pfarrer Schönberg schreibt in seinem *„Sendbrief an die vollen Brüder"*[ccxxxv], bereits von Wein- und Bierspielen. Der von Fischart in seinem *„Gargantua"* (S. 52) erwähnte Bierbischof war jedoch kein Vorsitzender einer Biergesellschaft.

Wenn nun diese Hoftage stattfinden, dient ein dickes Bierfass dem Bierherzog als Thron, ein Humpen ist sein Zepter, ein Hopfen- oder Ährenkranz ist seine Krone. Die vor ihm stehende Biertafel wird vom „Bierfuchs", einem Erstsemesterstudenten, bedient. Auf ihre Veränderung oder Verfälschung steht der berühmte „Bierverschiss"[ccxxxvi]. Außerdem ist ein „Biergericht" vorhanden, d. h. eine richterliche Behörde von drei Mitgliedern oder bierehrlichen (rechtsfähigen, d. h. sie sind befugt, vor- und nachzutrinken) Studenten, welche in Biersachen erstinstanzlich zu entscheiden hat. Diese kann Entscheidungen auch an den „allgemeinen Konvent" weiterleiten, eine zweite Instanz von sieben Mitgliedern. In manchen Biervereinen oder Quasicorps übt dieses Biergericht der „Bierdoktor" aus, ein Auserwählter, der an den Kneipentagen die Zusammenkunft zu leiten hat und der über alle Bierfälle erstinstanzlich entscheidet.

Er kann entweder zum „Setzen" (= pro poena = bezahlen), zum „Stürzen" (= auf ex trinken) usw. verdonnern und sogar einen Verschiss verhängen sowie der ganzen Gesellschaft die Trinkmenge (Quanta) vorschreiben. Die schwarze Tafel, welche jede Korpskneipe haben muss und auf welche alle „Bierschisser", „Erklärten" und „Viertelsetzer" eingetragen werden, ist ihm unterstanden, und der „Bierfuchs" ist sein Herold. Auf verschiedenen Universitäten hatte er auch am Fest des Heiligen Gambrinus, am ersten Sonntag im Mai, die dem Bierherzog zukommende Lobrede auf das Bier zu halten.

Nicht wesentlich älter ist der „Biercomment". Dies ist das Buch der Bücher jedes Studenten, der einer Verbindung angehört. Darin sind die Regeln des ritualisierten Saufgelages festgelegt. Im Allgemeinen ist er auf allen deutschen Universitäten, aus denen diese Bierrituale stattfinden, identisch, nur in einzelnen Details sind die Gesetze zuweilen verschieden.

Allerdings kann der Text sich auch im Laufe der Zeit verändern. So ist z. B. der *„Marburger Bier-Comment, herausgegeben zu Nutz und Frommen academischer Bier-Gemütlichkeit von der in den Jahren des Heils 1870 und 1871 niedergesetzten, hochwohlweisen, stets infalliblen Bier-Comments-Revisions-Commission, Neueste verbesserte Ausgabe, Marburg, O. Ehrhardt, o. J."* deutlich verschieden vom älteren Marburger Biercomment.[ccxxxvii] Dieser wiederum unterscheidet sich vom *„Leipziger Biercomment. Offizielle Ausgabe revidirt und festgestellt 1864", Celle,*

(Schulze) 1869. Ebenso wird es mit den anderen Biercomments, z. B. dem Hannoverschen, dem Braunschweiger usw. sein. In allen ist ein vollständiges Sauf-Zeremoniell festgelegt.

Der Leipziger zerfällt z. B. in folgende Rubriken:

I. Subjekte und Objekte des Bierkomments.
A. Personen. B. Sachen.
II. Vom Vor- und Nachtrinken.
III. Bierskandal.
IV. Vom ex pleno Bieten.
V. Von der Bierimpotenz.
VI. Beweismittel in Biersachen.
A. Grand Cerevis. B. Zeugen.
VII. Biergericht.
VIII. Bierkonvent.
IX. Von den Bierstrafen.
X. Vom Bierverschiss.
XI. Vom Biersetzen.

Der Marburger Biercomment von 1871 ist kürzer, nach seinem § 73 hebt er aber alle früheren auf. Er zerfällt in:

A. Allgemeine Bestimmungen und
B. in Spezielle Bestimmungen.
I. Vom Vor- und Nachtrinken.
II. Vom Bierskandal.
III. Von den Bierkranken.
IV. Vom Bierkonvent (A. dem speziellen, B. dem allgemeinen).
V. Vom ex pleno Bieten.
VI. Vom Bierverschiss.
VII. Vom Herauspauken.

Außer diesen zeremoniellen, dem Zivilprozess nachgebildeten Biercomments, kamen zur selben Zeit verschiedene Bierspiele auf. Manche tragen diesen Namen jedoch zu Unrecht, denn sie sind eigentlich keine, so z. B. der *„Salamander“*, über dessen Entstehung und Namensbedeutung Zweifel herrschen[ccxxxviii]. Hierbei wird nämlich so verfahren: Der *„Salamander“* wird nur zu Ehren eines Studenten, meist bei seinem Abschluss, ausgeführt. Die Burschen werden dann an den Tafeln in Gruppen aufgeteilt und diese einem Aufseher oder Exerziermeister vorgesetzt. Daraufhin füllt man die Gläser und reibt sie auf dem Tisch aneinander unter Ausrufen der Worte „Salamander, Salamander!“, bis vom Senior das Kommando „Eins“ ertönt. Danach ist eine kleine Pause, und sodann findet wieder andauerndes Reiben statt bis zum Kommando „Zwei“. Dann nochmals Pause und Fortsetzung bis: „Drei“. Nach diesem Kommando wird das Glas bis auf die Nagelprobe geleert, die Gläser aber erst mit dem Kommando „Vier" auf den Tisch gesetzt. Während des Reibens müssen die Deckel der Gläser offen, in den Pausen aber bei Strafandrohung geschlossen sein. Wer dagegen verstößt und zu früh reibt oder zu spät trifft, muss nachexerzieren, d. h. den Akt wiederholen, bis er vom Senior für „legal“, also befreit, erklärt wurde.

Auch die sogenannten Bierorden gehören zu diesem Thema, d. h. die zu Ehren eines Bierheiligen gestifteten Gesellschaften mit dem Zweck des Toll- und Vollwerdens, die ebenfalls seit ungefähr 1830 aufgetaucht sind. Als solche kennt man den *„Orden des Heiligen Gambrinus“*, *„des Heiligen Cerevisius“*, *„des Heiligen Bock“*, *„des Sankt Salvator“*, *„des großen Heiligen Felix Schnabel“*, *„des Meister Seelensprenger“*, *„des Heiligen Dr. Suff“*, *„des Sankt Stiefelmeyer“* oder den *„Stiefelorden“* (in Bayern), den *„Sankt-Tonnenorden“* und den *„Lanzenorden“* (in Sachsen), den *„Maßorden“*, den *„Orden der Heiligen Knüllia“*, den *„Schoppenorden“* (in Baden), den *„Seidelorden“* (in Hessen) und den *„Stangenorden“* (in Preußen). Diese Orden hatten als Zeichen der Zugehörigkeit einen Stern, der an einem farbigen Band auf der linken Brust getragen wurde.

Ein Ursprung der studentischen Bierspiele scheint in der *„Saufmesse“* zu liegen und in dem *„Fürst von Toren“*. Dies waren Spiele, die bei den Commersen (= Saufgelagen) aufgeführt wurden. Sie scheinen offenbar Überbleibsel einer im Mittelalter in Deutschland, Frankreich und England üblichen Festlichkeit zu sein, welche bekannter unter dem Namen des *„Festes des Subdiakons“* oder des *„Narrenfestes“* ist:

Am Nikolaustag nämlich wählten die Chor- und die Schulknaben zusammen mit der niederen Geistlichkeit einen Bischof, der bis zum „Tag der unschuldigen Kindlein“ (28. Dezember, anderswo bis zum „Epiphanias-Tag“, dem 06. Januar) in seinem Amt blieb. An einem dieser Tage wurden nun alle kirchlichen Funktionen von närrisch herausgeputzten, mit ihrer Kleidung und ihren Gebärden die hohe Geistlichkeit persiflierenden Knaben vollzogen. In priesterliche Gewänder gekleidet erteilten sie den Segen. Sie lasen auch die Messe, führten Schauspiele auf, hielten Tänze und Gelage ab, und dies alles in der Kirche. Dazu wurden lustige, meist unanständige, Messen und Lieder gesungen.

Wir haben noch jetzt ein derartiges aus dem *„Officium missae“* umgedichtetes *„Officium lusorum“* in einer Handschrift aus Benediktbeuren aus dem 13. Jahrhundert[ccxxxix] sowie eine *„Trunkene Messe“* aus dem 16. Jahrhundert[ccxl] vor uns.[ccxli]

Dieselbe Sitte ging auch in die Gesellenzeremonien einzelner Handwerker über: Man weiß, dass bei der Gesellentaufe mancher Zünfte eine Messe parodiert und dabei ein *„Ora pro nobis“* gesungen wurde[ccxlii]. Es liegt also sehr nahe, dass etwas Ähnliches auch auf den Universitäten bei der „Fuchstaufe“[ccxliii] aufgeführt worden sein wird, die wiederum aus der berüchtigten *„Deposition“* hervorging. Bei letzterer wurde der Kandidat unter Prügel dazu genötigt, zu singen. Wahrscheinlich hat man bei diesen Feierlichkeiten nicht Wein, sondern Bier getrunken. Ersterer war wohl auf manchen deutschen Universitäten zu teuer, um ihn so oft und in solchen Mengen zu konsumieren[ccxliv].

Leider wissen wir aber vom damaligen Studentenleben in den Bier- und Weinkneipen recht wenig. Selbst in den Schriften des Paulus Niavis (der um 1494 zu Leipzig die Schönen Wissenschaften lehrte), aus denen man eigentlich noch das Meiste hierüber erfährt, freilich an zerstreuten Stellen, ist hiervon nichts zu finden, obwohl es eigentlich nahe lag, dass er darauf hätte kommen müssen. Wahrscheinlich haben aber die deutschen Studenten des fünfzehnten bis achtzehnten Jahrhunderts genauso gemeinsam gekneipt und gesungen wie jene des neunzehnten.

Jenes Bierspiel, das den Namen *„Biermesse“* (missa cerevisiaca) trug, ist das folgende Bierritual.[ccxlv] Der „Bierheld“ singt solo, und der Chor antwortet wie folgt:

Solo: Ei, guten Abend, meine Herren confratres!
Chorus: Ei, guten Abend, mein Herr confrater!
Solo: Ist's den Herren confratribus nicht gefällig, eine kleine Saufmette mit anzustellen?
Chorus: Ei, warum denn dieses nicht?
Solo: So belieben die Herren confratres nur zu bestimmen, in wie viel Zügen es geschehen soll?
Chorus: In den bekannten sieben Zügen!
Solo: So belieben die Herren confratres nur fein richtig nachzuzählen! (Trinkt.)
Chorus: Eins, Zwei, Drei, Vier!
Solo: Ei, das Vier das mundet mir! (Trinkt.)
Chorus: Fünf — Sechs — Sieben!
Solo: Ist auch nicht die Nagelprobe drin geblieben?
Chorus: Solche Brüder müssen wir haben, die versaufen, was sie haben, Strümpf' und Schuh, Strümpf' und Schuh, laufen dem Teufel barfuß zu. Zum Zipfen, zum Zapfen, zum Kellerloch 'nein, heute muss alles versoffen sein!“

Möglicherweise gehörten einst auch die sogenannten „Runda-Lieder“ (Rundgesänge, *„Sa Sa Sa“* ist z. B. ein solches) dazu. Keil druckt in seinem *„Deutsche Studentenlieder“* (S. 134) das Lied *„Sa lustig Courage getrunken“* aus dem Jahre 1667 ab sowie ein zweites, *„Im Kluck Kluck leben wir“*[ccxlvi] von 1763. Hoffmann von Fallersleben teilt in seinen *„Findlingen“*[ccxlvii] folgendes Runda-Lied aus Michael Kautzschs *„Frisch und voll eingeschenktem Bier-Glas“*[ccxlviii] mit:

„Wie sie denn ein sonderliches hatten, bei dem das Glas auf drei Schläge ausgesoffen sein musste, und die Runda dazu lautete:

Es saß ein feines Mägdelein, hum hum,
Auf einem grünen Gräselein, hum hum,
Es pflückte schöne Blümelein,
Und macht daraus ein Kränzelein, hum hum."

Beim ersten „hum hum" musste derjenige, der trank, seinen Krug absetzen und das „hum hum" selbst sprechen, ebenso beim zweiten und dritten, bei welchem das Glas dann vollständig geleert sein musste. Darauf wurde dann ein Runda gesungen." Die von Hoffmann[ccxlix] mitgeteilten waren ebenfalls Runda-Lieder.

Tatsächliche Bierspiele sind dagegen folgende:

Zuerst gehört hierher der *Bier-Skat*, der sich vom gewöhnlichen Skat nur dadurch unterscheidet, dass man um die Bezahlung des Bieres spielt, welches beim Spiel getrunken wird. Außerdem sind noch dabei einige Formalitäten zu beachten, welche beim gewöhnlichen nicht vorkommen.

Ein anderes Bierspiel, das von zwei bis sechs Spielern gespielt wird, heißt *„Rammes"*. Man spielt es mit den 32 Blättern der deutschen Karte, die schellene Sieben, die „Belle" (entspricht im französischen Blatt der Karo Sieben), ist neben dem Daus der höchste Trumpf.

Viele dieser Bierspiele sind mit Gesang verbunden, z. B. das *„Cerevisspiel"* (auch *„Pereat"* genannt), der *„Schlauch"*, der *„Graf von der Luxemburg"* usw. Dazu gehören auch die Lieder: *„Vom alten Hauschild"*, *„Die Vigolinen"*, *„Es lief ein Hund in die Küche"*, *„Das Konzert"* usw.

Eines der bekanntesten ist das *„Quodlibet"*. Dieses lautet folgendermaßen:

Eröffnungsgesang (bei Spielbeginn): „Wiederum sind wir vereint, uns hier zu erfreuen, was man draußen von uns meint, kann uns Schlucke sein, ist uns auch ganz schnurz!"

Chorgesang beim Ritterschlag (also für den Gewinner): „Das freut sich des entmenschte Paar, das wiederum ein Ritter war."

Auf den in der Schlacht Besiegten (also den Verlierer des Spiels): „Herr Buffert ist ein braver Mann, trinkt gerne cerevisiam, und hat er kein pecuniam, versetzt er seine tunicam."

Das *„Quodlibet"* als Spiel besteht aus zwölf verschiedenen Runden und kann von vier oder fünf Personen gespielt werden. Man spielt es mit deutscher Karte, und eine „Taille" ist gespielt, wenn diese zwölf Runden durchgespielt wurden. Wie in jedem anderen Bierspiel wird nach Maßgabe der dabei herausgekommenen Punkte oder Striche die Bezahlung der Zeche unter den Mitspielern verteilt.

Ein Hauptbierspiel ist das bereits erwähnte *„Cerevis"* (auch *„Pereat"* genannt), welches von zwei Personen mit einer deutschen Karte von der Sieben bis zum Daus gespielt wird. Dabei hat das Verlieren des Spiels nicht die Zahlung der Zeche zur Folge, sondern jede Verlust und jede Strafe wird mit einem festgelegten Bierquantum abgetrunken. Es wird, nachdem eine Cerevisfigur (ein Bierkrug mit Henkel und Ausguss) auf den Spieltisch gemalt wurde, durch dieses lateinische Lied eröffnet:

Cerevisiam bibunt homines, animalia caetera fontes.
Absit ab humano gutture potus aquae.
Sic bibitur, sic bibitur in aulis principim-pam-pum.

Oder man singt auch das folgende alberne Lied:

Der Bürgermeister Freudenreich hat uns hierher befohlen
Euch hundsversoffnen Schneiderlein das Bockfell zu versohlen.
Man sieht's Euch an den Federn an, was Ihr für Vögel seid.
Der Vater ist ein Pferdedieb
Die Mutter hat Soldaten lieb
Die Schwester steckt im H-Haus
Euch hängt man an den Galgen!

Schneiderlein,
zieh ein, zieh ein!
Bock ist dein Vater,
Meck deine Mater.
Schneiderlein, zieh ein!

In diesem Spiel gilt eine bestimmte Sprachregelung:

- Die Karte heißt „Löffel",
- der Stich heißt „Löffelei",
- das Geben der Karten heißt „Rühren" oder „Löffeln",
- Abheben heißt „Ablöffeln",
- die Kreide heißt „Dreck",
- das Bier heißt „Cerevis" oder „Stoff",
- Trinken: „Abcerevisieren" oder Abstoffen,
- Daus (die höchste Karte) heißt „Großer Leichtsinn" (oder „Sau"),
- Zehn: „Kleiner Leichtsinn",
- König: „Rülps",
- Ober oder Dame: „Mensch",
- Bube: „Kaffer",
- Neun: „November" oder „Nönnchen",
- Acht: „Oktober" oder „Oktavchen",
- Sieben: „September" oder „Septimchen".

Jeder Verstoß gegen die vorgeschriebenen Worte wird mit einer Schwalbe, das Nichtwissen der letzten Karte sogar mit drei Schwalben bestraft. Zehn Schwalben machen einen Galgen, zwanzig ein Rad aus. Das *„Cerevis"* wird stets mit dem Lied *„Cerevisia clausa, cerevisiam bibunt homines"* etc. beendet.

Ein anderes beliebtes Studentenspiel ist die *„Bieruhr"*, die folgendermaßen aufgebaut wird: Man schlägt einen Nagel in die Mitte des Tisches und hängt einen Schlüssel daran. Dann zieht man zwei Kreise darum, zählt die Spieler und macht ebenso viele Felder wie Spieler sind. Ein zusätzliches „Vaterlands-Feld" wird ebenfalls aufgemalt. Anschließend ordnet man jedem Feld und den Mützen der Spieler jeweils eine andere Nummer zu. Nun wird der Schlüssel gedreht, und die Nummer, auf der er stehen bleibt, singt ein Solo und trinkt dann ein halbes oder ein ganzes Glas. Bleibt er im „Vaterland“ stehen, so trinken alle. So geht nun es weiter, bis alle toll und voll sind, und §11 des Bier-Comments vollständig zur Geltung gekommen ist.

Der Text des Kanons, der gesungen wird, wenn die Bieruhr abgelaufen ist, lautet:

„Es ging ein Mönchlein in die Mette,
legt was auf den Altar,
ein Tuch, ein Buch, ein blaues Brusttuch.
Da kam die Nonne,
„hem“, sprach sie,
„wer hat mir denn den Zimperling,
den Zirum, Zarum, Zirkulum,
Spectaculum, Miraculum,
auf das Altar gelegt?“

In diesem Zusammenhang gehört auch das sogenannte *„Hospiz“* erwähnt:

„Es geht ein Saufcomment an unseren Tisch herum, herum:
Zehn Maß und eine,
Ihr wisst ja, wie ich's meine,
zehn Maß und nochmals zehn, fidibum!
Lass eine gehn, lass eine gehn!“

Dies ist ein Rundgesang, bei dem jeder ein Lied zu singen oder ein Glas zu trinken hat, die letzte Strophe wird dabei gewöhnlich vom Chor rezitiert. Ein Lied, das schon ein anderer gesungen hat, darf nicht wiederholt werden.

Dazu gehört noch das bekannte *„Schmollis“* (abgeleitet von „sis mihi mollis amicus“ – „sei mir ein guter Freund“), die *„Duweihe“* oder der *„Freundschafts-soff“* genannt. Dagegen rechne ich den vom Kieler Professor August Niemann (1761-1832) gedichteten *„Landesvater“*[ccl] nicht dazu.

Dreizehntes Kapitel
Von den Gefäßen zum Biertrinken

Es bleibt jetzt nur noch übrig, etwas über die Gefäße zu schreiben, aus denen die Deutschen seit alters her ihr Bier getrunken haben. Das älteste Zeugnis darüber ist jenes des Historikers Olaus Magnus. Er schreibt[ccli], die alten Norweger hätten sich kupferner, eherner sowie eiserner Krüge bedient. Tönerne, die zuweilen aus Deutschland eingeführt wurden, wären ihnen zu zerbrechlich gewesen. Die älteren Ausgaben seines Werkes geben zu diesem Kapitel die Abbildungen der damals gebräuchlichen Trinkgefäße. Er schildert auch ein solches Trinkgelage[cclii]. Auf dem dazu gehörenden Holzschnitt trinken die Gäste ihr Bier aus großen, korbähnlichen Krügen (vermutlich soll der halbe Reif oben einen Kranz darstellen). Die Diener kredenzen ihnen den Trunk, welchen sie aus großen Bierkannen („Bierlasen") einschenken. Solche Krüge meinte wohl auch Fischart in seinem *„Gargantua"*[ccliii], wenn er schreibt: „Sie soffen (Bier) aus gestiefelten Krügen"[ccliv].

Man kannte aber auch Biergläser, denn in einem altdeutschen Gedicht des 15. Jahrhunderts[cclv] heißt es: „Flaschen kandeln zu pir und wein Kopff krauß und glaß zu schenken ein Stutz Pirglas ein pecher darbey". Es gab auch tönerne Krüge aus sogenanntem „gres flamand". Dies war ein flandrisches Steingeschirr, welches sich besonders durch eine schöne stahlblaue Farbe, hübsche Form und reiche Ornamentik auszeichnete. Es war meist mit einer aus Salz hergestellten Glasur überzogen und wies fast immer Reliefverzierungen auf. In erster Linie wurden sie in den Jahren 1540-1620 hergestellt, und sie rivalisierten bei den Biertrinkern mit jenen altdeutschen, durch prächtige, skulpturartige Reliefverzierungen geschmückten, meist am Niederrhein fabrizierten Bierkrügen. Sie hießen auf Flämisch *„Jacob Kannetje"* und auf Französisch *„Jacques Cannette"*. Übrigens waren erstere eher Luxusgegenstände, letztere dagegen für den gewöhnlichen Hausgebrauch bestimmt. Meistens zeigen sie Darstellungen aus der biblischen Geschichte.

Die im 17. Jahrhundert verbreiteten „Apostelkrüge" tragen ihren Namen, weil die zwölf (oder sechs) Apostel bunt auf ihnen aufgemalt sind. Zuweilen finden sich aber auch andere, weniger heilige Gegenstände darauf: z. B. ist in der Königlichen Porzellan- und Gefäßsammlung zu Dresden ein polnischer Bierkrug (mit Henkel wie ein Seidel) von gelber Farbe zu sehen, der als Datum das Jahr *1538, Cracoviae S. Florianus MDXXXVIII*, trägt. Auf ihm prangen in erhabenem Relief (vielleicht das älteste bekannte Exemplar dieser Art) ganz abgehoben humoristische Figuren: ein beim Fortgehen den Hut lüftender Mönch; ein schief stehender Ritter; ein Bürger, um Flasche und Glas tanzend; ein Bauer, der an ein Fass gelehnt ist sowie ein trunkener Mönch, der ein Glas dareicht. Ein anderer braungelber Henkelkrug derselben Sammlung stellt einen Bauerntanz mit der Inschrift dar: *Gerhet: Du: Mus: Daper: Plasen: so Danssen: Di: Buren: Als: Weren: Si: Rasen: Bis: Vf: Sirich: Rastor: Ich: Ver: Dans: Di: Kap: Mit: Rock*. Ein dritter trägt auf dem Hals einen bärtigen Christuskopf mit der Umschrift: *GOT: DEM: SY: ALEIN: DYE: EHYRYN: AL.*

Auch der in der Berliner Kunstkammer ausgestellte Krug Martin Luthers fällt in diese Kategorie. Diese Krüge gehören heute zu den gesuchtesten Sammlerobjekten und werden zu immensen Preisen gehandelt. Viele findet man in den Museen zu Berlin, Dresden und München, dem westfälischen Museum zu Minden, in der Sammlung zu Tieffurt bei Weimar, der zu Löwenberg bei Kassel, auf Schloß Arnsburg bei Bückeburg und außerdem in der von der Belgischen Regierung angekauften Sammlung des Herren Jean d'Huyvetter aus Gent[cclvi]. Leider findet man eben wegen ihrer Seltenheit und hohen Preise mittlerweile viele Fälschungen bei den Kunsthändlern.

Bierkrüge aus dem 16. Jahrhundert.

Etwas später aus dem 17. Jahrhundert stammen jene Krüge aus glasiertem Töpferton, welche Tier- und Menschengestalten darstellen und ebenfalls aus rheinischen Fabriken hervorgingen. Die Königliche Porzellan-Sammlung besitzt z. B. einen Bären, der einen großen Humpen hält. Seine beiden Jungen sind dabei, welche aufrecht stehend auf Horn und Trompete musizieren. Sie selbst sind schwarz, die Trompeten gelb. Ihre Köpfe bilden die Deckel. Aus derselben Zeit stammen auch die bunten und hellblau staffierten Krüge aus Delfter Fayence, welche besonders in vornehmen Familien heimisch waren.

Es gibt auch viele Bierkrüge, die aus Elfenbein geschnitzt wurden und die meistens kostbar mit Gold und Silber verziert und innen mit Silber ausgelegt sind (z. B. im Grünen Gewölbe zu Dresden). Dies waren aber lediglich Schaustücke, getrunken wurde kaum aus ihnen. Im 18. Jahrhundert waren auf den Dörfern Deckelkrüge aus Holz verbreitet, und diese Sitte hat sich in Thüringen bis ins 19. Jahrhundert erhalten, z. B. auf der Rudelsburg. Besonders für den Breyhahn zog man aber Steinkrüge mit Zinndeckel vor. Auf den Universitäten trinkt man zumeist aus Deckelgläsern, die ein Halbmaß fassen. In Heidelberg nennt man sie „Schoppen“, „Seideln“ (für bayrisches und Lagerbier) oder aber „Töpfchen“.

Auf den Schweizer Universitäten trank man aus Steinkrügen, die von vier Schoppen oder zwei Halbe fassten, und welche „Maß“ hießen. In München geschah dies aus steinernen Maßerln, die zwei bayrische Halbe enthielten. In Jena und Halle waren es verpichte hölzerne Humpen, die man „Lanzen“ oder „Stübchen“ (in Jena) nannte. „Stiefel“ heißen diese Deckelgläser ebenfalls. Bei besonderen Gelegenheiten (Hauptwitzen) der Landsmannschaften zieht der Senior seinen Kanonenstiefel aus, dieser wird mit Bier gefüllt und dann kredenzt. Der Name „Stange“ war eigentlich nur für hohe, dünne Gläser mit Henkeln gebräuchlich, die für Berliner Weißbier und böhmisches Bier dienten. Jetzt wird allgemein für ein halbes und dreiviertel Seidel der Name „Kind“, „Schnitt“ und „Tulpe“ verwendet.

In den norwegischen Gebirgsgegenden gebrauchte man im 19. Jahrhundert noch die alten hölzernen Bierschalen, „Ohlboller“ genannt. Sie haben die Form der im Handel häufig vorkommenden russischen Holzschalen. Oft tragen sie sehr kernige Trinksprüche entweder eingeschnitten oder aufgemalt, z. B.:

„Ohl i Bollen, Vet i Skolten, Marg i Knoken, Trumpf i Broken“.
(„Bier in der Schale, Witz im Kopfe, Mark in den Knochen, [Hintern?] in den Hosen“)

Auf einer Bierschale im Hallingdal aus dem Jahre 1787 stand:

„Nogen holder sig tel Krüse, andre holder sig tel Küse, hokken saar det deedste Rüse“.
(„Einige halten sich zum Kruge, Andere ziehen die Frau vor, wer bekommt den besten Rausch?“)

Sie sehen so aus:

Vierzehntes Kapitel Sprüche zum Lob des Bieres, Biersegen

Das älteste Bierlied
(aus dem 13. Jahrhundert,
(aus dem „Roman d'Eustache le Moine p. Fr. Michel", S. 11 -115, bei Fr. Wolf, „Ueber die Lais, Sequenzen und Leiche", Heidelberg 1811, S. 439.)

Letabundus.
Or hi parra,
La cerveyse nos chauntera
Alleluia!
Qui que aukes en beyt
Si tel seyt com estre doit
Res miranda!
Bevez quant l'avez en poin;
Ben est droit, car nuit est loing,
Sol de stella
Bevez bien e bevez bel
Il vos vendra tel tonel
Semper clara.
Bevez bei e bevez bien
Vos le vostre et jo la mien,
Pari forma.
De ço soit bien porvéu;
Qui que auques le tient al fu,
Fit corrupta.
Riches genz funt lur brut
Fesom nus nostre deduit,
Valla (sic) nostra
Beneyt soit li bon veisin
Qui nos dune payn e vin,

Carne sumpta;
E la dame de la maison
Ki nus foit chere real!
Jà ne pusse-ele par mal
Esse ceca!
Mut nus dune volenters
Bons beiveres e bors mangers: Meuz waut que autres muliers
Hec predicta.
On bewom al dereyn
Par meitez e par pleyn
Que nus ne séum demayn
Gens misera
Ne nostre tonel wis ne fut,
Kar plein ert de bon frut,
Et si er tut anuit
Puerpera.
Amen.

Spruch über das Bier aus dem 15. Jahrhundert

Vina valent forti cerevisia grata cubanti
Fons valet oranti, sed medo basia danti.

(Wein ist gut für den Starken, Bier für den, der schlafen will, Wasser für den Beter, Met aber für den, welcher küsst.)

Biersegen aus dem 15. Jahrhundert.
(Altdeutsche Handschrift zu Wolfenbüttel, 29, 6. Aug. in 4°, fol. 58b)

Nun grüs dich got, du liebes pier,
Gu her und lesch mir den durst schier,
Und mach mich nit zu schanden vor den leuten
Und behut mich auch vor der snellen geuten,

Wann deyn nam, der haist rumpel in der plasen,
Von dir so wachsen solch rosen
Dy nymant mit den henden thar abprechen
Darein die sew vnter den zewn zechen,
Wann man dich dann in einem Kessel gesewt
So heisst man dich dann pfladergewt
Swanckendarm und Juden swais
Und wer von dir wil lassen ein schais
Der muss gar seuberlich lassen sleichen
Das nit helfen werden streichen.

Alter Spruch vom Bier
(aus: Mart. Zeiller, „Episteln oder Sendschreiben"
II. Hundert, Nr. 18, S. 130. In der Ausgabe Neu-Ulm 1641, S. 105)

Das Bier gibt grober Feuchte viel
Stärkts Geblüt und mehrets Fleisch ohn Ziel,
Es leert die Blas und weicht den Bauch,
Es kühlt ein wenig, und bläst auch auf;
Es soll sein klar und alt von Jahren,
Nicht saur gekocht, von gutem Korn.
Dünn Bier, dem Malz oder Farb gebricht,
Das sauer oder jung ist, trinke nicht.
Trink doch nach Not und Füll den Kragen,
Nur dass nicht wird beschwert dein Magen.[cclvii]

Fünfzehntes Kapitel: Brauergeheimnisse

Etliche Kunststücklein zu den Bieren,
die für Geld nicht zu bezahlen sind
(Aus: Knaust, „Fünff Bücher …“, Bl. J)

Erstens, wenn ein Bier sich verkehrt oder umkippt

Erstens, wenn ein Bier umkippt oder sich verkehrt, so nimm Gerstenbrot aus dem Ofen, und brich es auseinander, und leg es auf den Spint, und das tue so oft, bis es sich bessert.

Wenn ein Bier sauer geworden ist

Nimm Hafer mit dem Stroh, wenn der Hafer gelb ist, und schneide Büschel davon, und hänge sie ins Bier, so stößt es wieder auf und wird wie ein junges Bier.

Wie man ein Bier beim Brauen soll
scharf und wohlriechend machen

Nimm ein Stück Harz, und wenn man den Hopfen siedet, so wirf es in den Hopfen, und lass dann sieden, so wird es frisch und harzig.

Wie man ein Bier wohlschmeckend machen soll, gleich einem Wein,
ganz natürlich, besonders im Sommer zu trinken

Nimm ein Beerenweinfass, aus dem man ausgeschenkt hat, gieß das Bier darauf, so nimmt es den Geschmack des Weins von den Beeren an sich und wird schön lauter. Die kölnischen und holländischen Biere sind dermaßen und von solcher Art, dass sie auch oft von manchen für Wein gehalten werden.

Eine feine Kunst Bier zu bewahren, dass es in Sommerzeiten nicht umkippt, sich verkehre oder sauer werde, so lange man davon trinkt

Nimm ein frisches Ei, das an demselben Tag, wo man das Bier anstechen will, erst gelegt wurde, und lege es in das Fass. Danach nehme Leim, und mache den Spund wohl zu, und solange noch ein Tropfen Bier im Fass ist, so wird es nicht sauer.

Ein anderes gewisses Stück, dass ein Bier nicht sauer werde

Hänge Centaurien (Tausendgüldenkraut) und Bertram in das Bier, diese zwei Kräuter verhüten alle Schäden.

Wie man saueres Bier wieder angenehm und gut zu trinken machen soll

Zerstoße Weizen, und hänge ihn mitten in das Fass, es wird davon wieder gut.

Wenn ein Bier nach dem Fass schmeckt

Nimm ein Bündel von 35 Ähren mit Weizenkörnern, hänge es in das Fass, das Bier wird davon wohlschmeckend zu trinken.

Ein anderes für dasselbe

Nimm das Kraut Rainfarn, Wachholderbeeren und die Heilig-Geist-Wurzel, Benedikten (die rote), eins so viel wie das andere sowie vier frische oder harte Eier, und hänge oder lege all das ins Bierfass.

Arznei von Bier

Man macht einen Brei von grobem Brot und Bier, der nicht übel schmeckt.

Bier fein feist mit Butter oder Öl angewärmt und des Morgens nüchtern getrunken, erweicht den Leib und macht gelinde, sanfte Stuhlgänge.

Bier mit Ingwer getrunken ist eine köstliche Arznei für einen verdorbenen Magen, welches die Leute in den Seestädten als eine häusliche und tägliche Arznei gebrauchen.

Bier mit Kümmelpulver getrunken lindert das Grimmen und Aufblähen im Bauch und stillt die Schmerzen der Koliken, die von Darmwinden herkommen.

Wenn man die Haut des Menschen mit weißem Bier wäscht, wird sie schön und blank davon, was ein wohlbekanntes Experiment ist. Es ist auch ein Experiment, wenn einer müde geworden ist vom Laufen, und wäscht sich die Füße und Beine mit warmem Bier und legt Tücher darauf, die mit heißem Bier genetzt sind, so soll es gar wohl helfen.

Auch hat es sich befunden, dass es gegen das Wehtun der Zähne behilflich sein soll, wenn man Haus- oder Tafelbier nimmt und kocht es noch einmal mit frischem Hopfen, und hält es danach im Munde, so warm wie man es leiden kann.

Aus Zedlers „Universallexicon"
unter dem Artikel „Bier", Bd. III, S. 1793:
Rezepte von Bieren gegen:

Milzbeschwerung:

R. Rad. Cich. rec. (gereinigte Zichorienwurzel), ein Pfund,
Helen, rec. (gereinigte Alantwurzel), 3 Unzen (ca. 93,3 Gramm),
Herb. Scolopend. (Hirschzungenfarn), eine halbe Handvoll,
Card. Bened. (Benediktenkraut,) drei Handvoll,
Bacc. Junip. rec. (gereinigte Wacholderbeeren), 3 Pfund
Incis. contus. (In Bier infundieren.)

Skorbut:

Cochlear. mar. sicc. (Löffelkraut), 1 Pfund,
Sarsaparilla 4 Unzen (ca. 124,4 Gramm),
Sassafras, Nasturt. aquat. (Brunnenkresse), Beccabung ac. (Bachbunge) je drei Handvoll,
Salv. rubr. (Holunderbeeren) zwei Handvoll,
Caryophill. (Gewürznelken) 3 Unzen (ca. 93,3 Gramm),
Nuc. Mosch. (Muskatnuss) 6 Unzen (ca. 186,60 Gramm),
Limatur. Mart. (Eisenfeilspäne) 6 Unzen (ca. 186,60 Gramm),
Inc. Cont. (In Bier infundieren.)

Saures Bier wieder süß und schmackhaft zu machen
(Aus: Johannes Staricius, „Großer Heldenschatz“,
10. Auflage, o. O. 1769, S. 326.)

Nimm zerstoßenen Weizen, und vermenge ihn mit den Hefen aus demselben Fass, schütte alles wieder in das Fass, so wird es süß. Oder: Nimm Hopfen und zwei Eier, rühre es mit Bier wohl durcheinander, gieße es ins Fass, so wird es wieder gären und gut zu trinken werden. Oder: Nimm befeuchteten Senf, hänge ihn in das Fass. Item: Tue 10 Maß Bier aus dem Fass, rühre darein ein halbes Pfund geriebene Kreide, nimm dann noch 10 Maß aus dem Fass. Fülle das Bier mit der Kreide wieder in das Fass, stopfe alsdann den Spund zu, und setze Dich darauf, so wird es im Fass sehr toben und brausen. Wenn es sich wieder gesetzt hat, so tue die übrigen 10 Maß auch hinein, und verschließe den Spund wohl, sonst steigt es alles heraus. Je saurer nun ein Bier ist, je eher wird es wieder süß, und dies dauert vier Tage. Dann kann man es wieder so machen. Dieses ist auf 10 Eimer gerechnet, und es schadet nicht, wenn Du, um weniger Gefahr willen, 30 Maß aus dem Fass entnimmst.

Biergeheimnisse

(Aus: A. B. Schnurr von Lenfidel, „Kunst-, Haus- und Wunderbuch", Frankfurt. a. M. 1690, S.88 ff., sowie aus: H. von Gerstenbergk, „Die Wunder der Sympathie" Weimar 1849, S. 100—102.)

Dass ein Gebräu Bier im Sommer nicht sauer werde

Wirf einen Kienspan, etwa eine Spanne lang und einen Daumen breit, auf das Bier, wenn es noch warm ist: Dies schützt.

Dass ein Gewitter einem Gebräu Bier nicht schade

Decke den Bottich oder die Butte mit Brettern zu, lege vier reine, leinerne Tücher darauf, und streue auf diese etwas Salz, kleine Kiesel und Lorbeerblätter.

Dass das Bier in den Fässern bei Gewittern nicht umschlage

Dies bewirkst du, wenn du einige Gefäße mit glühenden Kohlen in den Bierkeller setzt.

Dass sich das Bier lange halte

Lege einige reine Kieselsteine aus hellem Fließwasser hinein oder ein frisches, an einen Zwirnfaden gebundenes Ei, aber alle Tage ein neues.

Dass das Bier auf dem angezapften Fass nicht sauer werde

Tue ein Ei vom selben Tag hinein, und mache den Spund mit Lehm fest zu.

Durch das Fahren oder auf sonst eine Art trübe gewordenes Bier zu klären

Dies bewirkst du, wenn du in das Fass ein Paar händevoll reinen Kieselsand tust.

Sauer gewordenes Bier wieder gut zu machen

Tue zwei bis drei Hände gemahlenes Malz in die Tonne, so gärt es von neuem. Oder nimm ein Büschel Hafer samt dem Stroh, wenn es anfängt, zu gilben, vom Feld, und hänge dies in das Fass.

Den Fassgeschmack des Bieres zu vertreiben

Dies bewirkst Du, wenn Du ein Bündel von 35 Weizenähren in das Fass hängst.

Wenn ein Bier trübe geworden ist

So soll man nehmen eine Handvoll gutes, gebranntes Salz und es vermengen mit Wasser, eine Hand oder zwei, und in das Fass gießen und über Nacht ruhen lassen, so wird es danach faimen (schäumen), dass es angenehm wird zum Trinken.

Wann ein Bier sauer geworden wäre auf dem Bottich

Nimm eine Handvoll Salz oder zwei und ebenso viel Asche sowie ein Maß oder drei Wasser, rühre es hinein, und halte ein Tuch mit einem Spund dahin, sonst läuft alles heraus, und lasse es so versausen.

Wie man ein Bier soll frisch erhalten

Es ist eine gewisse Kunst, ein Bier frisch zu behalten bis auf die letzte Kanne, wann man das Fass mit dem Bier gefüllt hat, danach Hopfen dareintut und auf den Boden setzt, so schwimmt der Hopfen auf. Man muss aber oben in dem Boden ein Luftloch lassen, wenn man daraus zapfen oder ablassen will.

Wie man frisches Bier machen soll

Nimm gestoßene Buchenasche (pro Eimer Bier jeweils eine Handvoll Asche), die mache dick mit dem Bier wie einen Brei. Danach gieße es in das Fass mit dem Bier, rühre es wohl, und lasse es danach ruhen, so wird es gar frisch.

Wie man ein Bier schön lieblich und klar machen soll

Nimm Salz und Bierhefe von demselben Bier, das du bereiten willst, schlage und rühre es wohl durcheinander, und wenn das nun geschehen ist, so fülle das Bier aus dem Fass in ein Schoß, auch wohl untereinander und schütte es in das Bier, und rühre es wohl durcheinander. Danach lasse es ruhen, und fülle das Fass wohl, doch muss es beim Eingießen ein wenig leer sein, dass man es rühren kann. Etliche tun halb so viel Alaun zum Salz. Merke: es ist reicht ein Viertel Alaun mit dem Salz gemischt. Davon ein Quart zu einem ganzen Fuder Bier. Wenn man mehr nimmt, so ist es zuviel, aber so wird es schön und zu trinken wie ein Schweidnitzer Bier.

Wie man grobes und saures Bier gut und angenehm zu trinken machen soll

Zerstoße Weizen, und vermenge ihn mit Hefe von demselben Bier, und schütte es ins Fass, oder hänge den zerstoßenen Weizen mitten in das Fass, es wird dann süß. Item: Nimm Hopfen und drei Eier zu einem Fuder, verrühre es miteinander mit gutem Bier, gieße es in das Fass, das Bier wird angenehm zu trinken, wenn es gärt.

Dass sich ein Bier nicht verkehre

Nimm Lindenblätter, Nussblätter und Beifuß zu gleichen Teilen und halb so viel Wermut, und hänge das ins Bier.

Sechzehntes Kapitel:

Biersprichwörter
a) Deutsche

(Aus: S. Wander, „Deutsches Sprichwörterlexikon“, Leipzig 1867, Bd. 1, S. 374 ff. und 451 ff.)

1. ‘At Bier un a Man an at Wat un a Kan. (Das Bier im Manne und der Verstand in der Kanne). (Nordfriesisch, aus Firmenich, „Deutsche Völkerstimmen“, Bd. III, 3, 4).
2. Auch gut Bier macht böse Köpfe.
3. Beer un Barmhartigkeit kamt bi em tosamen. (Eichwald, „Niederdeutsche Sprichwörter“, Leipzig 1860, Nr. 111).
4. Beim Biere gibt’s viel tapfere Leut’.
5. Bêr nêrt, Brannwin tert (Bier nährt, Branntwein verzehrt). (Eichwald, Nr. 115).
6. Bier auf Wein, das lass sein, Wein auf Bier, das rat ich Dir.
7. Biere, die viel gären, haben viel Hefen.
8. Bier gemach, Wein frisch. (D. h. „Schenke ein!“)
9. Bier ist ein böser Koch, er schlägt einen vors Loch. (Fischart).
10. Bier mit Blut reizt nicht zur Wut. (Die Gemahlin Sigismunds I. von Polen, die ränkevolle Italienerin Bona, soll diese Worte einst auf die Vorstellungen ihrer Untertanen erwidert haben. (Siehe: Wurzbach, „Polnische Sprichwörter“, S. 54).
11. Bier oder Wein, es muss getrunken sein.
12. Bier soll man gemachsam, Wein frisch einschenken. (Siehe Nr. 8).
13. Bier und Brot im Haus ist besser als Gesottnes und Gebratenes draußen.
14. Bier und Brot macht Wangen rot.
15. Bier und Mädchen haben viel Glück, das Bier trinkt man ohne Durst und die Mädchen heiratet man ungeprüft. (Finnland).
15b. Das Bier hat Polizeiaugen (= große Schaumblasen).
16. Bier und Brot ist gut für Hungersnot.
17. Bier und Brot machen manchen Schalk groß.

18. Das Bier ist am besten, worin das wenigste Wasser ist.
19. Das Bier ist nicht für die Gänse gebraut.
20. Das Bier riecht nach den Fässern schier.
21. Das Bier schmeckt gern nach dem Fass.
22. Das Bier und der Wein folget dem Zapfen (d. h. dem Wirtshaus). (Nach Eiselein, „Deutsche Sprichwörter“, S. 77, soll dies bedeuten, dass man Herberge und Nahrung wohl gratis annehmen, aber den Trunk aus dem Wirtshaus dahin bezahlen wolle.)
23. Das Bier wäre gut, hätte die Sau nicht den Zapfen gezogen.
24. Das Bier, welches der Krieger verschenkt, ist sauer.
25. Das ist Bier ohne Malz und Hopfen, oder: wie Leber.
26. Dat 's en Bier, säd' de Gos, dôr ging se von'n Messhof (Misthof) an de Pissrönn. (Ostfriesisch). (Hoefer, „Wie das Volk spricht“, Nr. 383. Siehe auch: Nr. 35).
27. Der eine hat das Bier gebraut, der andre schenkt's aus.
28. Dies Bier ist ohne Zweifel ein Trank für den Teufel. (Wahrscheinlich in Bezug auf das westfälische Kräuterbier, Gräsich genannt, das sonst eigentlich als sehr gut berühmt war, von dem aber der Kardinal Chigi, später Papst Alexander VII., der sich einige Zeit als päpstlicher Legat in dem westfälischen Flecken Lengerich aufhielt, gesagt haben soll: „Nur noch etwas Schwefel hinein, und es ist ohne Zweifel ein Trank für den Teufel.“)
29. Einer trinkt's Bier in der Schenke, der andere im Traum, der eine mit Hefen, der andere mit Schaum.
30. Er trinkt von einem Stoff Bier dreimal. (Ostpreußisch).
31. Es war gut Bier, aber der Zapfen ist abgebrochen.
32. Gut Bier ist besser als schlechter Wein.
33. Gut Bier macht die Wangen rot und den Hintern bloß.
34. Halb Bier, halb Freud'.
35. Hat as jan Biir, sait hjü Gus, an do gingh hiü fan a Njorstal tu't Edelseel (Nordfriesland). (D. h. „Es ist ein Bier [eine Sorte]“, sagte die Gans, und da ging sie vom Miststall zur Pissrinne. Das bedeutet: Dem Schmutzbalg ist aller Schmutz gleich). (Siehe: Gabe Schneider, „Der Lappenkorb“, S. 29. Siehe auch Nr. 26).
36. Is dat Beer in'n Manne, is de Geest in'r Kanne. (Siehe: Eichwald Nr. 112 sowie oben Nr. 1 und unten 48).

37. Je toller das Bier gebraut wird, desto besser schmeckt es ihm.
38. Jung Bier gärt.
39. Jung Bier ist besser zu trinken denn alter Kofent (= dünnes Nachbier für das Gesinde).
40. Komm mit mir auf ein Seidel Bier, sagte der Teufel zum Satan, als er ihn im Walde traf. (Das heißt: Gleich sucht sich, Gleich findet sich.)
41. Nach Bieren gib potum, nach potum aber cacotum (d. h. kacken).
42. Stark Bier und schwache Köpf' dienen nicht zusammen.
43. Trink Bier, bis Du Wein zu bezahlen hast.
44. Wasserreich und hopfenarm, ist ein Bier, das Gott erbarm'.
45. Wenn das Bier auf der Neige ist, so ist es bös' sparen.
46. Wenn das Bier auf die Hefen kommen ist, so ist's zu lang geharret mit spärlich Zapfen.
47. Wenn das Bier getrunken ist, folgen die Hefen.
48. Wenn 't Beer is in de Kann, so is de Wisheit in de Mann (Ostfriesisch).
49. Wer sitzt bei Bier und Wein, der lass die Metz' ein Metze sein.
50. Wer trinkt Bier und Wein, der kann schon lustig sein.
51. Wer will mit gehn zu Bier und Wein, der leg' sein Geld her bei das mein'.
52. Wer wird schlecht Bier auf guten Wein trinken?
53. Wo das Bier im Keller versauert, ist Hopfen und Malz verdorben.
54. Wo kumt Beer un Barmherzigkeit bei eenander?
55. Wo sauer Bier ist, da muss Musik sein.
56. Dam Biere worn rechte Hefen gegan. (Schlesisch).
57. Daraus lässt sich kein gut Bier brauen.
58. Das Bier hat einen Feldwebel, oder den Sommer.
59. Das Bier ist über eine Brücke (durch einen Graben) gefahren. (Ostpreußisch). Das heißt: Das Bier ist verdünnt.
60. Das ist Bier, was schnell sauer wird.
61. Dat is stark Bêr. (Hamburg).
62. Dem Biere sind die Hefen gegeben worden. (Wird gesagt, wenn eine Sache gut eingeleitet wurde, oder wenn ein Unverschämter gehörig abgewatscht wird.)
63. Einen beim sauern Biere finden. (D. h. bei einer Unwahrheit.)
64. Er braut Bier ohne Malz.

65. Er hat das Bier (nicht) verschüttet.
66. Er hat sich das Bier selbst gebraut.
67. Er läßt's Bier nicht sauer werden.
68. Et es stärk Bier, Baas (Meister).
69. Gut Bier zum Bagel. (Als der Sohn Georg Podiebrads die Lausitz verheerte und ohne Lauban zu betreten, nach Bunzlau kam, verlangte er von den Einwohnern nichts weiter als Bier. Darauf wurde ein Volkslied gedichtet, in welchem dieses Sprichwort schon vorkommt. (Siehe: „Breslauer Erzähler", 1802, S. 346).
70. O du arme dumme beer, wo gărst du aver dine macht. (Lübben in der Nord-Lausitz.)
71. Seht, wat dat Beer deit!
72. Vom Stoff Bier dreimal trinken.
73. Wäre das Bier nur wieder im Fasse. (Wunsch, dass etwas nicht geschehen sein möge, siehe Grimm, „Deutsches Wörterbuch", Bd. 1, Nr. 1822).
74. Wenn er ins Bier sähe, es würde sauer.
75. Gibt er nicht Tischwein, so gibt er Tischbier, gibt er nicht Tischbier, so gibt er doch Fischbier.
75b. Bierchen, das setzt ans Nierchen.
76. Wie eine Bieramsel aus dem Kruge. („Bieramsel" ist ein Zecher, wird schon bei Luther erwähnt. Siehe: „Schriften", Bd. V, S. 493 a). „Bierfinke" bei Fischart („Großm.", S. 79) ist dasselbe. Die gleiche Bedeutung haben auch „Bierbannscher", „Bierflegel", „Bierfrosch", „Bierschädel", „Biersupper", „Biertonne", „Bierverderber", „Biermörder", „Bierpfaffe", „Bierpeitscher", „Bierschlauch", „Bierschwelger", „Bierheld", „Bierigel", „Bierbrille", „Bierente", „Bierbunse", „Bierbalger" und „Bierbauch", vielleicht ist auch „Bierhobel" dasselbe.
77. Auf der Bierbank sitzen.
78. Das kommt von der Bierbank.
79. Er singt einen Bierbass. (Weil der Adamsapfel Bierknott hieß.)
80. Ein Bierfiedler geigt sich eher zehnmal in die Hölle als einmal in den Himmel.
81. Ein Bierfiedler liebt sein Haus wie den Kamm die Laus.
82. Er sitzt am liebsten bei der Bierkanne.
83. Im Bierkrug liegt viel Betrug.

84. Bierschenk verdurstet nicht.
85. Beim Brauen gesungen, gerät das Bier.
86. Brauen und Backen gerät nicht immer. Auf Niederdeutsch: „Brâun un Backen gerith nit allzicks.“ (Kölnisch). Und: „Brüggen un Backen geröth nit jümnier.“ (Westfälisch).
87. Das Brauen bringt den Bürgern eine güldene Nahrung. (Nach Eisenhart, „Grundsätze des deutschen Rechts in Sprichwörtern“, Leipzig 1822, S. 58, bezieht sich dies darauf, dass Kaiser Heinrich I. den Städten die Braugerechtigkeit als eine Art Monopol gab, weil nach dem sogenannten „Meilenrecht“ alle Dörfer innerhalb einer Meile von der Stadt entfernt kein Bier brauen, sondern es aus der Stadt holen mussten.)
88. Gebräuen zwier vom Brauer und vom Schenken. (Wenn der Bierschenk durch Wassernachgießen „noch einmal gebraut“ hat.)
89. Gebräut ist so gut wie gekaut. (Wer viel trinkt, isst nicht viel.)
90. Man kann nicht zugleich brauen und backen.
91. Wer oft brawet und verkauft kein Bier, der muss endlich die Pfanne einem Andern übergeben.
92. Wie man's gebraut hat, muss man's trinken.
93. Wu duller gebraut, wu beater dat Beier. (Düren).
94. Er braut mehr, als er trinken kann.
95. Er braut ohne Malz.
96. Man muss es ynn yhm brawen. (Wenn er nicht getrunken hat, ist er nicht heiter.)
97. Brauen ist keine Kaufmannschaft.
98. Der beste Brauer macht einmal schlechtes Bier.
99. Der Brauer und die Bäckerin haben nicht einerlei Sinn. (= Nr. 89 und 101).
100. Wo der Brauer ist, kann der Bäcker nicht sein.
101. Er hält es mit dem Brauer und Bäcker. (Er lebt von Bier und Brot.)
102. Wo ein Brauhaus steht, kann kein Backhaus stehen. Auch niederdeutsch: „Wo e Bräues steht, do kan gee Backes stohn.“ (Aachen). Oder: „Wo dät Brauhûs steiht, do kann dät Backhus nich stoahn.“
103. „Er schenkt Weißbier“, sagt man von kleinen Jungen, die Schlitzhosen (ohne Naht hinten) anhaben, weil ihnen das Hemd hinten heraushängt.

b) Englische Sprichwörter

Dunmow bacon and Doncaster daggers, Monmouth caps and Lemster wool, Derby ale and London beer. (H. Bohn, "Handbook of proverbs", London 1855, S. 225).

Good ale is meat, drink and cloth. (Ebend., S. 66).

As i brew so i must drink, and as i brew, so i must bake. (Ebend., S. 3).

He that buys land buys many stones, he that buys flesh buys many bones. He that buys eggs, buys many shells; but he that buys good ale, buys nothing else. (Ebend., S. 194).

c) Holländische Sprichwörter

Goed bier maakt ook kwaade lieden. (Harrebomée, „Spreckwoordenbock d. Nederl. Taal.", Utrecht 1858-59. D. I., S. 55).

Eens wijn en dan geen bier meer.

Hij heeft het op ziju lijf als Duitsch bier.

Hij verloopt zijn bier met Slatius.

Het bier is voor de ganzen niet gebrouwd.

Dat bier volgt den tap.

Dat biertje heeft de een gebrouwd, eil de ander getapt. (Bis hierher: alle ebend., S. 55).

Dat was goed bier, mer tis uut. (Hoffmann v. Fallersleben, „Altniederländische Sprichwörter", Hannover 1859, S. 720).

Het was goed bier, maar de tap is nu uit. (Harrebomée, 1, S. 55).

Goed bier is beter dan slechte wijn. (Ebend., S. 55).

Jong bier moet gesten.

Brouw daar nu eens goed bier uit. (ebend., S. 56).

Dat bier verzuurt haast.

Dat bierje heft gij zeit gebrouwd, en moet het ook uitdrinken. (Ebend., S. 55).

Zij zitten altijd op de bierbank. (Ebend., S. 31).

Hij zit liever bij de bierkan dan bij de boeken. (Ebend., S. 55).

Bier tappen is de laatste nering voor den broodzak. (Ebend., S. 55).

Hoe dolder gebrouwd, hoe beter bier. (Ebend., S. 55).

Brouwers bidden om goeden, bakkers om duren tijd.

Daar de bakker zit kan de brouwer niet liggen.

Wat molenaars kallen en brouwers kunnen, is al gelijk.

Daar de brouwer binnen is, moet geen bakker komen.

Zie houden het met den brouwer en den bakker. (Ebend., S. 98).

Lat hem bakken en brouwen; bemoei u niet met hem. (D. Hl., S. 15).

Anhang 1

Zwischen 1865 und 1866 war in Bayern das produktivste Sudjahr, es wurden nämlich 13.667.744 Eimer[7] erzeugt, mit 10.247.291 Bayrischen Gulden Malzaufschlag und 2.082.910 Scheffel Malzverbrauch. Aufgeschlüsselt nach Regionen ergibt sich folgendes Bild:

Region	Brauereien insg.	Erzeugte Eimer Bier
Oberbayern	521	3.927.079
Oberpfalz	566	1.553.216
Oberfranken	952	1.302.512
Mittelfranken	875	1.957.699
Unterfranken	791	973.456
Schwaben	960	2.088.237
Niederbayern	506	2.065.545

Nach der offiziellen Zusammenstellung in der „Zeitschrift des Königlich-Bayerischen Statistischen Bureaus" vom Jahr 1871 (S. 272) waren die Bierproduktion und die Anzahl der Brauereien in den bayerischen Regierungsbezirken diesseits des Rheins folgende:

a) Selbstständige	b) Kommunalbrauereien
1. Oberbayern: 543	1
2. Niederbayern: 484	5
3. Oberpfalz und Regensburg: 464	87
4. Oberfranken: 835	118
5. Mittelfranken: 838	17

[7] Ein Bayerischer Eimer entspricht ca. 64.142 Litern. (Anm. Frank-Daniel Schulten).

6. Unterfranken und
Aschaffenburg: 562 176
7. Schwaben und
Neuburg: 1007 --
Gesamtzahl der Brauereien diesseits des Rheins:
Selbstständige: 4733.
Kommunalbrauereien: 404.

Diese Brauereien verbrauchten an Malz (in Bayerischen Scheffeln):

1. 507.194
2. 2.238.045
3. 170.561
4. 182.418
5. 254.170
6. 110.562
7. 276.43

Gesamt: 1.749.386

Die Biererzeugung dieser Brauereien in Bayerischen Eimern betrug bei den vier unterschiedlichen Qualitätsstufen:
a) Schankbier b) Lagerbier c) Luxusbier d) Weißbier:

Gegend:	**Wert in Bayerischen Gulden:**
Oberbayern:	
a) 1.612.296	9.455.107
b) 1.734.587	11.552.006
c) 14.137	169.554
d) 19.052	94.068

Niederbayern:	
a) 630.520	3.152.600
b) 814.715	4.888.290
c) 3000	24.000
d) 4030	20.150
Oberpfalz & Regensburg	
a) 541.249	3.270.206
b) 581.694	3.539.261
c) 1.188	11.202
d) 1328	6464
Oberfranken	
a) 618.028	3.646.331
b) 516.954	3.289.295
c) 658	5492
d) 800	3602
Mittelfranken:	
a) 660.229	3.616.400
b) 915.515	5.879.330
c) 90.696	594.751
d) 46.144	144.186
Unterfranken & Aschaffenburg	
a) 374.016	2.186.030
b) 387.901	2375.196
c) 505	4176
d) ---	---

Schwaben & Neuburg

a) 962.112	4.329.504
b) 1.015.014	5.329.070
c) 4309	28.008
d) 252.872	632.180

Gesamtmenge	*Gesamtwert*
a) 4.329.504	29.656.178
b) 5.329.070	36.852.448
c) 28.008	837.183
d) 632.180	900.650

München ist noch heute (1874) in Bayern diejenige Stadt, welche die ausgedehnteste Bierbrauerei betreibt. Sie erzeugt mehr als ein Zehntel der Gesamtmenge des im ganzen Königreich Bayern gebrauten Bieres, und die größte Brauerei dieser Stadt hat im Jahr 1865 einschließlich des städtischen Aufschlags die enorme Summe von 160.890 Bayerischen Gulden als Malzsteuer bezahlt. Dies ergibt sich auch aus folgender Tabelle der von den Bierbrauereien Münchens und der Vorstädte Au und Haidhausen vom 21. Mai 1870 bis 30. Mai 1871 verbrauchten Malzmengen:

1. Privatbrauereien:

	Scheffel	**M.**	**V.**[8]
Josef Wagner, Augustinerbräu	6414	--	--
Alois Fest, Büchelbräu			
Alois Fest, Schleibingerbräu	2446	5	1
Josef Knon, Metzgerbräu	4507	3	2,5
Walb. Hierl, Zengerbrauereibes.	1772	1	2
J. B. Trappentreu, Sterneckerbräu	2844	4	1
Georg Pschorr, Paschorrbräu	16300	--	--
Ludwig Brey, Löwenbräu	43094	--	--
Adam Wagner, Eberlbräu	731	3	2

[8] M. = München; V. = Vorstädte.

Balth. Füger, Brauer zur Schwaige	828	1	--
Singelspielerbrauerei d. Grafen v. Buttlar	7497	--	--
Max Stuhlberger, Hirschbräu	1048	--	1
Math. Pschorr, Hackerbräu	18639	--	--
Gebrüder Sedlmayr, Spatenbräu	52677	--	--
Jos. Sedlmayr, Franziskanerbräu	22742	2	--
Ludw. Schmederer, Zacherlbräu	11302	--	--

2. Königliche Brauereien:

Königliche Braunbierbrauerei	6119	2	3,5
Königliche Weißbierbrauerei	905	--	3,5

3. Klosterbrauerei

Brauerei der PP Franziskaner am Lehel	437	2	3

(Der bayerische Scheffel entspricht 300 Zollpfund bzw. 4.0457 Preußischen Scheffeln.)

Anhang 2:

Nach dem vorzüglichen Werk von H. G. Noback, „Die Bierbrauereien in Österreich-Ungarn“, Prag 1871, stellt sich für Österreich folgende statistische Berechnung seiner Bierproduktion heraus:

In Böhmen existierten im Jahre 1860 insgesamt 1040 Brauereien (1870 war diese Zahl auf 968 gesunken). Diese brauten 4.424.744 (Niederösterreichische) Eimer Bier und zahlten 5.015.150 Gulden Steuern. 1869 waren es nur noch 988 Brauereien, die aber 5.650.085 Eimer produzierten und 5.944.658 Gulden Steuern bezahlten. In Prag allein existierten 44 Brauereien von 133 landesweiten, welche in dem gleichgenannten Kreis gezählt wurden.

Im Kreis Eger waren es 107, im Leitmeritz 68, und 94 in Pilsen[9]. Die gesamte Verzehrsteuer aller böhmischen Brauereien brachte der Staatskasse 6.000.000 Gulden ein. Da nun in Böhmen im Jahre 1869 insgesamt 5.106.069 Einwohner lebten, kam auf jeden Kopf während dieses Jahres 1,13 Eimer oder 48 Maß Bier.

In Niederösterreich gab es 1860 insgesamt 138 Brauereien mit 2.561.491 Eimern (à 42,5 Maß) Bierproduktion, die 3.532.617 Gulden Steuern zahlten, 1869 aber 121 Brauereien mit 3.435.953 Eimern Ausstoß und 4.448.777 Gulden Steuern.

In Oberösterreich waren 1860 insgesamt 282 Brauereien, die 1.309.917 Eimer Bier gebraut und 1.184.205 Gulden Steuern bezahlt hatten, und im Jahre 1869 insgesamt 283 Brauereien mit 949.366 Eimern und 1.094.145 Gulden Steuern.

In Salzburg existierten 1860 insgesamt 75 Brauereien mit 316.621 Eimern Ausstoß und 362.684 Gulden Steuern; 1869 insgesamt 70 Brauereien mit 320.176 Eimern und 364.119 Gulden Steuern. Am meisten leistete hier die Brauerei zu Kaltenhausen, nämlich 78.100 Eimer, während die stärkste Brauerei in Oberösterreich, Zipf, es nur bis auf 63.000 Eimer gebracht hatte.

In Mähren waren 1860 insgesamt 301 Brauereien mit 1.043.476 Eimern und 1.171.777 Gulden Steuern, 1869 aber 257 mit 1.463.310 Eimern und 1.602.806 Gulden Abgaben. Am meisten lieferte Olmütz, nämlich 54.608 Eimer.

In Schlesien gab es 1860 insgesamt 84 Brauereien mit 229.946 Eimern und 259.742 Gulden Steuern, 1869 allerdings nur 67, aber mit 351.483 Eimern und 401.153 Gulden Steuern. Am meisten braute Teschen: 67.880 Eimer.

In Galizien gab es 1860 insgesamt 315 Brauereien, 1869 war es 260. Sie produzierten 1860 752.546 Eimer, 1869 aber 796.152. 1860 zahlten sie 726.807 Gulden Steuern, 1869 waren es 828.417 Gulden.

---

[9] Hier braute das bürgerliche Brauhaus allein im Jahre 1869 insgesamt 153.920 Eimer. In Leitmeritz Elbschloß waren es 77.400 Eimer, in Bodenbach 73.845 und in Micholup („Dreher") 46.200 Eimer. Die „Drehersche Brauerei" in Klein-Schwechat lieferte 650.460 Eimer, die „Mauthnersche Brauerei" in St. Marx 402.200 Eimer und die Brauerei von „Löwenthal & Faber" in Liesing 368.200 Eimer. Im Jahre 1870 betrug der Ausstoß dieser drei Brauereien 660.420, 478.000 bzw. 397.000 Eimer.

In der Buckowina gab es 1860 insgesamt 20 Brauereien, 1869 nur noch 16. Im Jahr 1860 prodzierten sie 48.132 Eimer, 1869 waren es 50.994. Sie zahlten 1860 insgesamt 44.041 Gulden Steuern, 1869 waren es 52.110 Gulden. In ersterer Provinz war die Brauerei zu Wieprz ad Zywiec die stärkste, mit 58.480 Eimern, dann kam erst Okocim mit 34.100.

In der Steiermark zählte man 1860 insgesamt 137 Brauereien mit 530.076 Eimern Bier und 724.007 Gulden Steuern, 1869 aber nur 87 Braustätten mit 552.311 Eimern und 731.777 Gulden Steuern. Am meisten leistete in Graz die „Schreinersche Brauerei" mit 122.022 Eimern.

In Kärnten gab es 1860 insgesamt 223 Brauereien, 1869 nur 163. 1860 lieferten sie 210.112 Eimer, 1869 waren es 143.278 Eimer, die 1860 229.953 Gulden, 1869 aber 165.894 Gulden Steuern bezahlten.

Krain hatte 1860 insgesamt 28 Brauereien mit 41.577 Eimern Ausstoß und 70.709 Gulden Steuern. 1869 waren es nur 17 Braustätten, die 57.123 Eimer produzierten und 72.077 Gulden Steuern entrichteten.

Im Küstenland existierten dagegen 1860 nur 5 Brauereien mit 5815 Eimern und 6943 Gulden Steuern. 1869 waren es sogar nur 3 Brauereien mit 2692 Eimern und 14.574 Gulden Steuern.

Tirol und Vorarlberg zeigen ebenfalls einen Rückgang. Hier waren 1860 insgesamt 146 und 1869 nur 139 Brauereien aktiv mit 291.270 zu 211.209 Eimern und 320.598 zu 238.762 Gulden Steuern.

Im Jahr 1860 waren in Ungarn 368, in Siebenbürgen 90 Brauereien, ihre Zahl fiel 1869 in beiden Ländern auf insgesamt 291, nämlich auf 208 bzw. 83. Im Jahr 1860 erzeugten sie in Ungarn 889.119 und in Siebenbürgen 88.228 Eimer und zahlten 916.092 bzw. 86.022 Gulden Steuern. Im Jahre 1869 waren es aber nur 861.084 bzw. 95.675 Eimer, die 916.092 bzw. 86.022 Gulden Steuern einbrachten. Am höchsten war die Produktion zu Pesth, nämlich 21.350 Eimer, hergestellt durch die Brauerei der Ersten Ungarischen Aktiengesellschaft (vor 1868 die Firma „Barber & Blusemann"). Steinbruch („Dreher") lieferte 202.920 Eimer und die Königs-Bierbrauerei in Leopoldstadt 80.100 Eimer.

Kroatien und Slavonien zählten 1860 insgesamt 26 Brauereien, und 1869 waren es 27 mit 67.239 und 32.773 Eimern Produktion sowie 65.408 bzw. 37.997 Gulden Steuern. Die Serbisch-Banater Militärgrenze hatte 1861 insgesamt 16 Brauereien, 1869 waren es 15. Sie produzierten 9039 bzw. 39.613 Eimer und entrichteten 2303 bzw. 39.901 Gulden Steuern.

Die Kroatisch-Slavonische Militärgrenze zählte 1860 insgesamt 21 Brauereien, 1869 waren es nur 16, die 14.749 bzw. 11.541 Eimer und 12.722 Gulden bzw. 10.507 Gulden Steuern entrichteten.

Rechnet man nun alles zusammen, so gab es im ganzen österreichischen Staat 1860 insgesamt 3314, 1869 aber 2820 im Betrieb stehende Brauereien, die 1860 insgesamt 12.602.404 Eimer, 1869 aber 15.024.818 Eimer Bier produzierten. Die Biereinfuhr betrug 1859 insgesamt 14.238 Zollzentner, 1869 nur noch 8808. 1859 aber betrug die Ausfuhr 37.587 und 1869 insgesamt 403.550 Zentner. Als Grund des Vorzugs der Österreichischen Biere (besonders der Wiener und Böhmischen) den Bayerischen gegenüber, wird lediglich die vorzüglichere Beschaffenheit des Malzes angenommen.

Vergleicht man hiermit die Produktion der Bierbrauereien in Preußen, so hat sich dort zwar die Zahl der gewerblichen Brauereien verringert, aber wie überall ist der Bierausstoß der bestehenden auch hier gestiegen, im selben Verhältnis, wie sich der Konsum der untergärigen Biere jedes Jahr generell gesteigert hat. 1869 gab es im ganzen Königreich 8745 gewerbliche Bierbrauereien, von denen jedoch nur 7974 im Betrieb waren. Außerdem existierten noch 2861 nichtgewerbliche, nur für den Hausbedarf bestimmte. Sie bezahlten 2.438.051 Taler Braumalzsteuer und produzierten 548.561.400 Quart Bier aus 3.657.076 Zentnern Malz. Das Verhältnis stellt sich so dar:

Region	**Brauereien ges.**	**Verbrauch: Zentner Malz**
Ostpreußen	349	127.248
Westpreußen	114	127.248
Posen	190	81.744
Pommern	196	105.399
Schlesien	1116	547.518
Brandenburg	543	696.904
Sachsen	887	539.047

Westfalen	1105	259.631
Rheinprovinz	1961	573.196
Hessen-Nassau	663	286.468
Hannover	458	166.614
Schleswig-Holstein	387	100.315

Im Königreich Sachsen gab es im Jahre 1870 insgesamt 73 Kommunalbrauereien, 14 Aktienbierbrauereien und 761 Privatbrauereien.[10] Diese zahlten im Jahre 1870 insgesamt 466.536 Taler, 16 Gr., 5 Pf. Braumalzsteuer. Die Ausfuhr sächsischer Biere betrug 1633 Zentner, die Biereinfuhr aus Bayern 397.736 Zentner, und aus Österreich und anderen Ländern 71.171 Zentner.

Interessant wäre ein Vergleich der Bierproduktion der Dresdener Brauereien des „Waldschlösschens", des „Feldschlösschens", des „Felsenkellers" und von „Reisewitz" etc. mit der Medinger, Löbauer, Chemnitzer usw. Aber dann müßte konsequenterweise ein solcher sich auch über die preußischen, thüringischen, badischen etc. erstrecken, und dazu reicht der Raum dieses Buches nicht aus.

Die Zahl der im Königreich Württemberg befindlichen Bierbrauereien betrug am Ende des Jahres 1870 insgesamt 2510, welche, wie sich aus dem Betrag der vom Königlich-Württembergischen Steuerkollegium erhobenen Malzsteuer für die Zeit vom 1. Juli 1870 bis zum 30. Juni 1871 ergibt, ungefähr eine Million Württembergische Eimer Bier produziert hatten.

Anhang 3:

Vergleicht man die Inhaltsstoffe der englischen Biere mit verschiedenen deutschen, so hat der Chemiker Otto (bei Reich, S. 288) folgende Tabelle zusammengestellt.

[10] Dies ist die mir vom Herrn Vizehandelskammerpräsidenten G. Schilling nach offiziellen Dokumenten mitgeteilte Zahl. In dem zum Dresdner Brauertag erschienenen Festblatt werden übrigens nur 711 angegeben. Die Informationen über Württemberg verdanke ich Herrn von Steinbeis, Präsidenten der „Königlich-Württembergischen Zentralstelle für Handel und Gewerbe" zu Stuttgart.

Sorte	Malzextrakt	Alkohol	Kohlensäure	Wasser
Porter aus London	6,0	5,4	0,16	88,44
Porter aus Berlin	6,8	6,9	--	86,3
Burton Ale	14,5	5,9	--	79,6
Scotch Ale aus Edinburgh	10,9	8,5	0,15	80,45
Ale aus Berlin	6,3	7,6	0,17	85,93
Lambik (Brüssel)	3,4	5,5	0,2	90,9
Faro	2,9	4,9	0,2	92,0
Salvator (München)	9,4	4,6	0,18	85,85
Bockbier (München)	9,2	4,2	0,17	86,4
Schankbier (München)	5,8	3,8	0,14	90,26
Lagerbier (München, 16 Monate alt)	5,0	5,1	0,15	89,75
Lagerbier (München)	3,9	4,3	0,16	91,64
Bayerisches Schankbier aus- Braunschweig	5,4	3,5	0,15	91,1
Waldschlösschen (aus Bayern)	4,8	3,6	--	91,1
Schankbier (Prag)	6,9	2,4	--	90,7
Stadtbier (Prag)	10,9	3,9	--	85,2
Süßbier (Braunschweig)	14,0	1,36	--	85,7
Jostysches Bier (Berlin)	2,6	2,6	0,5	94,3
Braunbier (Werdersches)	3,1	2,3	0,3	94,2
Weißbier (Berlin)	5,7	1,9	0,6	91,8
Bière blanche de Louvain	3,0	4,0	--	93,0
Petermann, Louvain	34,0	6,5	--	89,5
Mumme (Braunschweig)	45,0	1,9	--	33,1

In den Vereinigten Staaten wird ebenfalls viel Bier gebraut. Die von sämtlichen Brauern bezahlten Steuern betrugen im Jahre 1870 ingesamt $ 37.396.800,00. Davon entfielen $ 36.007.055.40 auf die reine Biersteuer und $ 1.299.744.33 auf Sondersteuern.

Vom 20. Juni 1869 bis zum 30. Juni 1870 waren insgesamt in allen Bundesstaaten zusammengenommen 5.081.520 Fässer Bier hergestellt worden. Es kommt also, da nach der vorhergehenden Volkszählung in den gesamten Vereinigten Staaten 38.547.229 Einwohner lebten, auf jede Person, – Frauen und Kinder eingerechnet – auf dieses Jahr 78 Gläser Bier.

Die Anzahl der dortigen Brauereien setzt sich folgendermaßen zusammen:

Staat	**Brauereien liefern:**	**Barrel Bier**
1) New York	367	1.992.95
2) Pennsylvania	353	788.024
3) Ohio	270	550.921
4) Wisconsin	229	189.664
5) Illinois	202	432.278
6) Kalifornien	172	196.368
7) Michigan	148	129.626
8) Indiana	144	224.302
9) Missouri	126	249.111
10) Minnesota	123	56.720
11) Iowa	121	103.637
12) New Jersey	76	432.088
13) Maryland	68	128.432
14) Kentucky	43	66.640
15) Oregon	34	
16) Nevada	34	
17) Massachusetts	33	313.950
18) Texas	32	

19) Kansas	26	
20) Montana	24	
21) Nebraska	21	
22) New Mexico	9	
23) Utah	10	
24) Washington Territory	8	
25) Wyoming	9	
26) District Columbia	13	
27) Colorado	16	
28) Arizona	6	
29) Dakota	4	
30) Idaho	3	
31) Alabama	14	
32) Arkansas	3	
33) Connecticut	20	43.906
34) Delaware	5	
35) Georgia	4	
36) Louisiana	13	48.636
37) Maine	3	
38) Mississippi	3	
39) New Hampshire	5	77.036
40) Northcarolina	2	
41) Rhode Island	5	
42) Southcarolina	4	
43) Tennessee	11	
44) Vermont	3	
45) Virginia	10	
46) West Virginia	15	
47) Florida (erst im Jahr 1871)	1	

Nachwort

Die Historie des Bieres ist zugleich die Geschichte der menschlichen Zivilisation und vice versa. Manche Forscher sind sogar der Ansicht, dass der Grund für die Neolithische Revolution, also für den Übergang des Jäger- und Sammlerdaseins hin zur Sesshaftigkeit auf einen wirkmächtigen Faktor zurückzuführen ist: Durch die veränderten, stabileren Lebensumstände wurde die Herstellung alkoholischer Gärgetränke deutlich erleichtert. (Siehe z. B.: Reichholf, Josef H.: *„Warum die Menschen sesshaft wurden"*, Frankfurt/Main 2010 und *„Am Anfang war das Bier"*, in: *Craftbeer. Magazin für Bierbraukunst*, Nr. 8 (2018), S. 23 ff.) Dennoch wurde erst im späten 19. Jahrhundert mit dem hier vorliegenden Buch der erste Versuch unternommen, eine fundierte Kulturgeschichte des Bieres zu schaffen.

Zu diesem Zeitpunkt war sein Autor, Johann Georg Theodor Graesse (oder Gräße/Grässe, 1814 - 1885), bereits einer der angesehensten Gelehrten des Königreichs Sachsen. Er tat sich insbesondere hervor als produktiver Verfasser von Bibliographien sowie von Werken zur Kunst- und Literaturgeschichte, zur Volks- und Sagenkunde und zur Numismatik. Als Privatbibliothekar König Friedrich Augusts II. von Sachsen bewegte er sich in höchsten gesellschaftlichen Kreisen, was seinen Forschungen sehr zugute kam. Aber auch in seiner Eigenschaft als Direktor der *„Königlichen Münzsammlung"* und der *„Königlichen Porzellansammlung"* in Dresden sowie als Leiter des Dresdener *„Grünen Gewölbes"* konnte Graesse wichtige Impulse zur Erforschung und Bewahrung historischen Wissens setzen.

Viele seiner Veröffentlichungen sind nach wie vor maßgebliche Quellenwerke wie beispielsweise die Okkultbibliographie *„Bibliotheca magica et pneumatica, oder wissenschaftlich geordnete Bibliographie der wichtigsten in das Gebiet der Zauber-, Wunder-, Geister- und sonstigen Aberglaubens vorzüglich älterer Zeit einschlagenden Werke"* (Leipzig 1843). Insbesondere gilt dies aber für Graesses 1872 zuerst erschienene *„Bierstudien"*. Bereits zwei Jahre später erlebten sie eine Neuauflage, was vom großen zeitgenössischen Interesse an diesem Werk zeugt.

Die Informationen darin sind noch heute süffig zu lesen, und sie bieten vielfältige Details zu alten Biernamen, lokalen Biersorten, historischen Brautechniken sowie zu den mannigfachen Traditionen rund um den Gerstensaft bis zur Schwelle des zwanzigsten Jahrhunderts.

Nicht zuletzt wird jeder private und kommerzielle Craft Beer-Brauer hier Material entdecken, das man in derart konzentrierter Form ansonsten kaum findet. Um die Lektüre zu erleichtern, haben wir den Text komplett neu gesetzt, korrigiert und sprachlich behutsam überarbeitet.

Dabei haben wir uns auf den primären inhaltlichen Kern des Buches beschränkt. Die verschiedensprachigen Brau- und Trinklieder zu Beginn und zum Ende des Originals bzw. die akademischen Saufrituale sind heute nur noch für Spezialisten interessant, und sie lenken vom eigentlichen Inhalt ab. Deswegen haben wir sie in diese Neuausgabe nicht aufgenommen. Auf diese Weise tritt Graesses Klassiker in einem frischen Gewand hervor, um eine neue Generation zu inspirieren, in einer Zeit, in der die Bierkultur weltweit wiederentdeckt wird.

Frank-Daniel Schulten
August 2018

Zu dieser Ausgabe:

Diese Neuausgabe wurde von der Frakturschrift des Originals in eine moderne Schrifttype übertragen. Abkürzungen wurden aufgelöst; die Orthographie, Interpunktion und Grammatik wurden behutsam überarbeitet und den heutigen Gepflogenheiten angepasst. So wurden beispielsweise Wörter, die Graesse noch mit „th" geschrieben hat (Thür), ohne ein solches gesetzt (Tür); „Uebergang" wurde zu „Übergang"; „ward" zu „wurde" etc. Wenn es zu einem besseren Verständnis beiträgt, wurden an manchen Stellen antiquierte Ausdrücke und Formulierungen durch heute geläufigere ersetzt, ohne dass es im Einzelnen kenntlich gemacht wurde. Es wurde dabei stets darauf geachtet, den sprachlichen Charakter des Originals zu erhalten. Alte Maße und Gewichte wurden im Text erläutert, die wenigen Passagen auf Altgriechisch wurden nicht aufgenommen, um die Lesbarkeit nicht zu erschweren. Die Aufteilung zwischen Fuß- und Endnoten war bei Graesse recht uneinheitlich. Deswegen wurden seine Fußnoten mit den Endnoten vereint. Fehler in der Zählung und Zuordnung der Noten wurden dabei korrigiert. Die statistischen Passagen wurden gebündelt und in Form von Anhängen abgedruckt, um den Textfluss nicht zu stören.

Anmerkungen

[i] Eine spätere Auflage wird hoffentlich Ergänzungen und Verbesserungen bringen.
[ii] Hier sage ich noch namentlich Herrn Dr. Müller, dem Konservator am „Königlich-Bayerischen National-Museum" in München sowie dem Herrn Oberbibliothekar zu Wolfenbüttel, Dr. O. von Heinemann, meinen herzlichsten Dank für die mir gegebenen Informationen.
[iii] „De natura cerevisiarum et de mulso", Viteberg 1551.
[iv] „Fünff Bücher von der göttlichen und edlen Gabe, der philosophischen hoch-thewren und wunderbaren Kunst, Bier zu brawen. Auch von Namen der vornempsten Biere in ganz Teudschlanden und von derer Naturen, Temperamenten, Qualiteten Art und Eigenschafft, Gesundheit und vngesundheit, Sie sein Weitzen- oder Gersten-, Weisse oder Rotte Biere, Gewürtzet oder vnge-würtzet. Aufs newe vbersehen und in viel wege vber vorige edition gemehrt und gebessert. Durch Herrn Heinrich Knausten, beider Rechten Doctor. Getr. zu Erffurdt durch Georgium Bawman", 1575.
[v] „De gent. septentr.", XIII, 29.
[vi] D. h. im Jahre 1575. Heute, über 300 Jahre später, trinken diese auch Bier, und zwar am liebsten Bayerisches und Lagerbier.
[vii] Hist. Sic. I. 20,34.
Siehe auch: IV. 2. III. 73. p. 242. Der bekannte phantasievolle Altertumsforscher Hermann von der Hardt behauptet dagegen in einem Buch unter dem Titel: „In Bacchum vini et cerevisiae Aegypti inventorem pro Diodoro Siculu illustrando detecto mythologiae Graecae fundo", Heimst. 1715, dass alles, was Diodor hiervon erzählt, Fabel sei, und er vermutet (S. 14), dass Bacchus und Osiris nicht Namen eines Mannes, sondern vieler Männer oder eines Volkes oder einer Stadt sei, unter denen er sich Phocenses populos vorstellt.
[viii] II. 77.
[ix] Hist. Nat. XIV, 29: "Aegyptus quoque e fruge sibi potus similes excogitavit."
[x] Zürich 1787, Bd. II, S. 513.
[xi] Leipzig 1845. Dagegen schrieb ein gewisser Ställer sein „Bier ist kein Gift", Frankfurt. a. M. 1845. Das im Blenzischen Katalog, Abt. I, Nr. 728, beschriebene Buch betitelt: „Bierre-Logia, Entworffen in einer zierlichen wohl abgefassten Oration von dem Gersten-Korn (...) Gedruckt in diesem itzigen Jahr" (120 S. u. 1 Kupfer), konnte ich nicht zu Gesicht bekommen, es war weder in der Dresdner, Göttinger, Wiener, Münchner noch Berliner Bibliothek zu finden. Für den Nutzen des Bieres dagegen sprechen z. B. Abr. Werner. „Oratio de confectione ejus potus qui.... cerevisia vocatur" bei Dornav. „Amphitheatrum Sap. univ.", S. 627 ff. De Bourges & C. Dr. Prè. Ergo cerevisia nutricibus saluberr. potus. Paris 1629; J. A. Schmidt. Diss. de cerevisia ut est alimentum", Jen. 1680; Le Comte & Tueillier, „Ergo cerevisia potus saluberr.", Paris 1695; Dr. Lauremberg & C. J. Gentil. „Ergo potus cerevisiae saluberr. mos.", Paris 1751, K. A. Weinhold, „Ueber die Wiederherstellung des alten Merseburger Bieres und dessen vorzügliche Heilkraft gegen angehende Nervenschwäche und Abzehrung", Merseburg 1816.; F. X. Gast, „De cerevisia diss. inaugur.",

Mon. 1830; (Anon.) „Das bairische Bier und seine Heilkraft bei verschiedenen Krankheiten", Leipzig 1852; F. Gutmann, „Diätetik für Biertrinker", Leipzig 1842; Antus, „Vorlesungen über Eßkunst", Leipzig 1838, S. 249 ff.

[xii] Supplices v. 925.

[xiii] Bei Athen. Deipnosoph. X., S. 418.

[xiv] A. v. 623, 641.

[xv] Dioscor. II, 110.

[xvi] Colum. X., 116: "jam siser Assyrioque venit quae semine radix sectaque praebetur madido sociata lupino ut Pelusiaci proritet pocula zythi."

[xvii] Siehe: Wilkinson, „Manners of the modern Egypt", Bd. II, S. 171 sowie „Wiener Jahrbücher", Bd. XLV, S. 67, außerdem. Lane, „Account of the modern Egypt", Bd. 1, S. 112. (deutsche Übers. Bd. I, S. 91; II, S. 167). Im Allgemeinen vgl. „Pauly's Realencyclopädie", Bd. 2, S. 276 ff. und S. 8.; sowie: de Sacy. „Chrestom. Arabe" (2. Ausgabe von 1826) 1, S. 97, S. 103, S. 150, S. 178-181.

[xviii] Siehe: Schleiden, „Die Landenge von Suez", Leipzig 1858, S. 142.

[xix] Isidor. Orig. XX. 3: „Sicera est omnis potio quae extra vinum inebriare potest, cujus licet nomen Hebraeum sit. Latinum sonat, pro eo quod ex succo frumenti vel pomorum conficitur, aut palmarum fructus in liquorem exprimuntur coctisque frugibus aqua pinguior quasi succus colatur et ipsa potio sicera nuncupatur." Andere Nachweise bei: Schoock, „De cerevisia", S. 11 ff.

[xx] Hist. IV. 2.

[xxi] Theophrastus, „De caus. Plant", VI. 15. sowie Galen. II. „Simpl, medic.", 6.

[xxii] Athen. Deipnos. IV, S. 152.

[xxiii] Theophrastus, „Hist, plant.", IV, 10. sowie Athen. X, 67 und Hellanicus, S. 91. (ed. Sturz).

[xxiv] Hecatäus bei Athen. X, S. 447.

[xxv] Strabo III, S. 155.

[xxvi] Athen. IV, S. 152. Dioscor. II, 110.

[xxvii] Ammian. Marcell. XXVI.8: "Est autem Sabaia ex hordeo vel frumento in liquorem conversus pauperrimus in Illyrico potus: unde injuriosum Sabaiarii nomen, quo in obsidione Chalcedonis appellatus fuit Valens imperator." — Hieronymus L. VI in "Esaiam", c. 19: (...) quod genus est potionis ex frugibus aquaque confectum et vulgo in Dalmatiae, Pannoniaeque provinciis gentili barbaroque sermone appellatur Sabaium." Damit stimmt auch die Stelle des Archilochus überein bei Athen. Deipnosoph. X, S. 447. Auch Dio Cass. L. XLIX, sagt, die Pannonier äßen Gerste und Hirse und machten sich Getränke daraus.

[xxviii] Siehe Plinius, „H. N.", XXII. 82., sowie: Diod. Sic. IV, 2, 26 und Strabo XVII, 2,5.(von den Aethiopiern).

[xxix] Das Epigramm, welches in der Griechischen Anthologie enthalten ist, lautet in der lateinischen Übersetzung des Erasmus:

Bacche quis? unde venis? verum tibi dejero Bacchum
Te haud novi, tantum est cognitus ille Jovis.

Is nectar redolet, hircum tu: die age, num te
E spicis finxit Gallia vitis inops?
Non igitur Bacchum te dejero, sed Cerealem,
Et frumentigenam nec Bromium, imo Bromum.

[xxx] Hist. Nat.“, X., am Ende: “Est et Occidentis populis sua ebrietas, fruge madida pluribus modis per Gallias, Hispaniasque nominibus aliis, sed ratione eadem.” Dasselbe sagt Theophr. „De causis plant.”, VI, 20.

[xxxi] Origin. XX. 3: “Celia a calefaciendo appellata: est enim potio ex succo tritici per artem confecta: suscitatur enim igne illa vis germinis madefactae frugis ac deinde siccatur et postea in farinam redacta molli succo admiscetur, quo fermentato sapor austeritatis et calor ebrietatis adjicitur, quae fit in iis partibus Hispaniae, cujus ferax vini locus non est.”

[xxxii] “Hist. Nat.“, XVIII, 11. 7 sowie S. Ducange, „Gloss“, Teil 1, S. 753.

[xxxiii] Plinius, “Hist. Nat.”, XXII, Cap. 25: “Et frugum quidem haec sunt in usu medico. Ex iisdem fiunt et potus Zytum in Aegypto, Celia et Ceria in Hispania, Cervisia(e?) et plura genera in Gallia aliisque provinciis.”

[xxxiv] A. Mizler, „Dissert. de veterum Celtarum Celia et zytho ad illustr. Flori locum“, Vitemb. 1695. Die Stelle lautet: Florus II. 18. „Celia sic vocant indigenae ex frumento potionem und bei Orosius V. 7: Subito (Numantini) portis eruperunt, larga prius potione usi, non vini, cujus ferax is locus non est, sed succo tritici per artem confecto, quem succum a calefaciendo Celiam vocant: suscitatur enim sapor austeritatis et illa ignea vis germinis madefactae frugis ac deinde siccatur et post in farinam redacta molli sacco admiscetur quo fermento calor ebrietatis adjicitur.”

[xxxv] Isid. Orig. XX. 3: “Cervisia a Cerere id ist fruge vocata, est enim potio ex seminibus frumenti vario modo confecta. Servius ad Virg. Georg. III. v. 380. Potionis genus est quod cervisia nuncupatur et consequens est ut vinum natura calidum in provincia frigida non possit creari.” So Caspar Neumann, „Lectiones publicae von den vier Subjectis Diaeteticis, nämlich von den viererlei Getränken Thee, Caffee, Bier und Wein“, Leipzig 1735, S. 205. Aus Cerevisia leitet es Hadrian Junius, „Observ.“, II, 12. ab.

[xxxvi] Siehe: Strabo IV, S. 310.

[xxxvii] Ovid. „Metamorphosen“ V, 449.

[xxxviii] „Hic noctem ludo ducunt et pocula laeti fermento, atque acidis imitantur vitea sorbis” (III. v. 380).

[xxxix] “Germania c. 23: “Potus humor ex hordeo aut frumento in quandam similitudinem vini corruptus. Proximi ripae et vinum mercantur.“

[xl] Auson. Epigr. 86:

“Dodra vocor, quae caussa? novem species gero; quae sunt?
Jus, aqua, mel, vinum, panis, piper, herba, oleum, sel.“

[xli] Arnob., “Advers. gent.”, V, S. 174: “Sitienti ardori oggeris potionem cinnum cyceonem quem vocant graeci.“ Nonius Marcell. unter Concinnare, I, 207 und 295 sagt: „Sed proprietas verbi haec est, quod apud veteres cinnus potionis genus ex multis liquoribus confectum

dici solet." Siehe auch: Didymi Schol. ad. Hom. Iliad. XI, 129. Siehe auch: Theophrastus, Char. 4.

[xlii] Simeon Seth: „De alimentis“ unter „Camum“ (nach der lateinischen Übersetzung): „Camum sicera, potus factus ex hordeo et aliis rebus calidis ut zinziber, et similia, quae ponunter in testaceis parvis bene obturatis et cum aperiuntur, salit in altum et vocatur cerevisia“, beschreibt ohne Zweifel unser heutiges Kohelnsäure enthaltendes Flaschenbier. Dasselbe Wort findet sich auch im Ulpianus unter der Lex L. IX.: „Si quis vinum“ etc., wo es heißt: „Certe zythem quod in quibusdam provinciis ex tritico, vel hordeo vel pane conficitur, non continebitur; simili modo nec camum nec cerevisia continebitur nec hydromel.“ Griechisch hieß dieses Getränk Phoca.

[xliii] Graece et lat. ed. Grüner, Solisbac. 1811.

[xliv] „Vita S. Columbani“, cap. 16.: „cum minister refectorii vellet promere cervisiam quae ex frumenti vel hordei succis decoquitur, quaque prae caeteris in orbe terrarum gentes praeter Scoticas et Dardanas, quae Oceanum incolunt, utuntur nempe Gallia, Britannia, Hibernia, Germania, caeteraeque, quae ab eorum moribus non discrepant, vas, quod typrum nominant, in cellarium deportavit.“

[xlv] Saxo Grammaticus, L. VIII. Siehe Grimm, „Deutsche Mythologie“, S. 49.

[xlvi] Siehe Mallet, „Northern Antiq.“, S. 6 sowie Keyssler, „Antiquit. Septentr.“, S. 150. Außerdem: Weinhold, „Altnordisches Leben“, S. 153 und Simrock, „Deutsche Mythologie“, S. 256.

[xlvii] Der Bier- oder Braukessel ist nach der altnordischen Auffassung das Himmelsgewölbe, in dessen Höhlung der himmlische Met entsteht, welchen Thor so gerne trinkt, weswegen sich seine Beziehung zum Bierbrauen erklärt. Darauf bezieht sich auch das uralte deutsche, aber fast in allen europäischen Sprachen nachweisbare Volksrätsel vom Ei, welches so lautet: *„Es kommt ein Schiff aus Engelland, hat kein Bügel und kein Band und doch zweierlei Bier.“* (Siehe: Mannhardt, „Germanische Mythen“, Berlin 1858, S. 101 ff. & 302 ff.).

[xlviii] Johannes Coler in seiner „Oeconomia ruralis“, Band II, S. 24, sagt, Osiris und seine Schwester Isis hätten das Bier erfunden, und besonders letztere habe zur Zeit des Hercules Alemannus diese Erfindung nach Schwaben gebracht.

[xlix] Freilich erzählt derselbe Aventin auch, ein gewisser Aruns aus Clusium sei aus Rache, weil sein Mündel Lucumo, ein mächtiger römischer Jüngling, seine Frau verführt hatte und er sich nicht an ihm habe rächen können, über die Alpen gezogen und habe nach Gallien und Deutschland den Weinbau gebracht. Trotzdem weiß kein römischer Geschichtsschreiber etwas von diesem Aruns! Also wird vermutlich auch seine Nachricht vom Gambrinus zu den vielen Fabeln, die er uns auftischt, zu rechnen sein.

[l] 1. 6. 11, S. 42 (Ausgabe v. 1554). Das in Holz geschnittene Bild des Gambrinus enthält jedoch weder diese noch die spätere lateinische Ausgabe. (Siehe meine Bemerkung in dem „Hallisches Jahrbuch,“ Jahrg. 1842, S. 626). Dasselbe erzählen Stumpf in seiner „Schweizer Chronik“, II.2, S. 18 und Crusius in seiner „Schwäbischen Chronik, B. I, B. 1, C. 1, S. 10. In Aventins „Baierische Chronica“, Frankfurt. a. M. 1580, Bl. 26b., steht aber vom Bier nichts. Siehe auch: Weihe, „Die Sagen Stendals“, Bd. 2, S. 153 ff.

[li] Das Bild ist heute (1874) nicht mehr vorhanden. Das Haus, welches übrigens dasselbe ist, wo J. Joachim Winkelmann geboren wurde, gehörte im 19. Jahrhundert einem Kaufmann namens Hahn.

[lii] Cambray. Nach Aventin erzählt dies auch Hans Sachs in seinem „Bierturnier“.

[liii] „Notes concernant la tradition de Gambrivius, roy mythique de Flandre et de Brabant” in: „Corapte rendu d. séances de la Commiss. roy. d'Hist.”, Bruxelles 1842. Teil V, S. 378 ff.

[liv] Bei Coremans, a. o. O., S. 383 ff.

[lv] In der bekannten Bayerischen Bierstube von Baarmann in Leipzig (Kath. Str. Nr. 20) sind vier Wandgemälde von L. Clasen, auf welchen zwar Gambrinus dargestellt ist, aber ohne Bezug zu den ihn betreffenden Sagen. Nr. 1 stellt Gambrinus mit zwei Meerkatzen als Schleppenträgerinnen dar, mit der Unterschrift: „Wie jeder andere Mann, muss auch Gambrinus den Hausschlüssel han“. (abgebildet in „Kunst und Gewerbe“, Weimar 1872, Nr. 1) Bild 2 zeigt Gambrinus auf seinem Thron. Bild 3: „Wie die Alten sungen, so zwitschern die Jungen“. Zur Seite ein Brauer (?) und noch jemand, in der Mitte drei Knabengestalten. Bild 4: „Kommst Du nach Haus, bist Du auch blau, so sei galant doch gegen die Frau.“ König Gambrinus kommt da besoffen nach Hause, seine Frau steht da und sieht ihn an, die beiden Meerkatzen stützen ihn. Was aber Gambrinus mit dieser Hausschlüsselgeschichte zu tun hat, hat vermutlich der Maler selbst nicht gewusst.

[lvi] Siehe: Schoock, „De cerevisia”, S. 14. Andere Etymologien in: „Beiträge zur Leipziger Gelehrten Zeitung“, Bd. III, S. 48 und in: „Nugae venales“, o. O. 1642, S 120.

[lvii] Martini, „Lexic. philolog.” unter dem Stichwort „Cerevisia”.

[lviii] Siehe: „Barth. Scheraei Geistliche, weltliche und häusliche Sprachschule“, Wittenberg 1619, S. 149. Im Allgemeinen siehe über die Etymologie: Grimm, „Deutsche Grammatik“, Bd. III. S. 466 sowie: „Deutsches Wörterbuch“, Teil. I, 1821. Außerdem: Haupt, Zeitschr. f. D. A., Bd. IV, S. 261. Nach Weinhold im „Altnordischen Leben“, S. 153, hieß bei den Nordgermanen „oel“ der Trank für die Menschen, „pior“ aber das Bier, welches die Götter tranken. Ersterer Ausdruck ist älter.

[lix] Davon leitet man wiederum „yule“ = „Weihnacht“ ab. (Siehe: Home, „Every Day Book”, Teil 1, S. 772). Sie hatten drei Sorten Bier (siehe: Bosworth unter „Alod.“)

[lx] In München heißt noch heute das gute „Paulaner-Bier“: „Heilig-Vater-Bier“ oder „Heilig-Vater-Oel“.

[lxi] Band II., Kap. 4.

[lxii] Siehe: Weinhold, „Deutsche Frauen“, S. 317.

[lxiii] Siehe: die Stelle bei Ducange, Teil III, unter „Humlonaria“, S. 730. Ebenso: Weinhold, „Die deutschen Frauen“, Wien 1851, S. 350.

[lxiv] Nach Beckmann, „Anleitung zur Technologie“, S. 132, heißt es in den „Stat. abbat. Corbei.”, I. 7: „nec messes vel prata colligendo nec braces faciendo nec humlonem nec ligna solvendo”.

[lxv] Siehe: Hildegard, „Phys.“, II. 74 sowie: Sprengel, „Hist, rei herbariae“, Amsterdam 1807, Teil I, S. 226.

[lxvi] Siehe: D'Achery, „Spicil.", Teil IV, S. 3.
[lxvii] Siehe: Hüllmann, „Städtewesen", Bd. I, S. 269.
[lxviii]Auf einem Glasgemälde der Kathedrale zu Tournay aus dem 15. Jahrhundert ist dargestellt, wie der dortige Bischof in einer Brauerei den seinen Vorfahren schon von Chilperich gewährten Naturalzins an Bier erhebt. Abgebildet bei: Lacroix, „Moeurs etc du Moyen-Age", Paris 1871, S. 39.
[lxix] Siehe: Grimm, „Deutsche Rechtsalterthümer", S. 313 ff.
[lxx] Siehe: Anton, „Geschichte der Landwirthschaft", Bd. I, S. 361.
[lxxi] Siehe: Anton, Bd. II, S. 286.
[lxxii] Band II, S. 52.
[lxxiii] Neugart, I, Nr. 40 a., 763. „cervice siclas" XX., nr. 72 a., 779 „cirvisa Siclas" XV.
[lxxiv] Goldast, „Script. Rer. Alemann." Teil 1. 1., S. 16 sowie: Anton, Bd. I, S. 407.
[lxxv] Siehe: Raumer, „Hohenstaufen", Bd. V, S. 331.
[lxxvi] Siehe: Stetten, „Kunst-, Gewerb- und Handwerks - Geschichte von Augsburg", Bd. II, S. 132, Augsburg 1788.
[lxxvii] Siehe: Raumer, „Historisches Taschenbuch 1834", S. 61.
[lxxviii] Siehe: Melzer, „Schneeberger Chronik", S. 140.
[lxxix] Siehe: Rössig, „Geschichte er. Landwirthschaft", Bd. II. S. 229.
[lxxx] Siehe: Moehsen, „Geschichte der Wissenschaft in der Mark Brandenburg", S. 486.
[lxxxi] Siehe: Beckmann, „Geschichte der Erfindungen", Bd. V, S. 227.
[lxxxii] Olaus Magnus, XIII, Kap. 26.
[lxxxiii] Siehe: Weinhold, „Altnordisches Leben", Berlin 1856, S. 153 und 88.
[lxxxiv] „Hist. Sic." V, 29, 30, S. 352.
[lxxxv] V. 1., S. 74.
[lxxxvi] Solin. c. 35.
[lxxxvii] „Leges Wallicae", S. 174: „If a farmer hath no mead, he shall pay two casks of spiced ale or four casks of common ale, for one cask of mead." Siehe auch: Stow, „Chronicle", S. 218.
[lxxxviii] Er singt: „Nescio quod Stygiae monstrum conforme paludi Cervisiam plurimi vocant, nil spissius illa, dum bibitur, nil clarius est, dum mingitur, unde constat quod multas faeces in ventre relinquat" (siehe: Schoock, „de Cerev.", S. 136).
[lxxxix] Holinshed, „Descr. Brit.", S. 94 sowie: Hone, „Every Day-Book", Teil I, S. 563.
[xc] Siehe: Warton, „History of English Poetry", Teil I, S. 177 sowie: Henry, „History of England", London 1788, Teil VIII, S. 408 ff.
[xci] Siehe: Strutt, Teil III, S. 72 und 108 sowie: Warton, „Antiquit. Culinar.", S. 27.
[xcii] Ein solches Bierhaus (ale-house) aus dem 13. Jahrhundert ist abgebildet bei Thomas Wrigtit, "The homes of other days", London 1871, S. 332.
[xciii] Matthaeus Paris a. 1213: „aut scotalla alicubi in regno facere consueverunt." Das Wort bedeutet dann öffentliche Trinkgelage (siehe: Ducange, Teil VI, S. 125). — (Cardanus, „De tuenda san.", Band III, Kapitel 88., schreibt „Est et hala, quae fit in Anglia et Scotia ad-

modum suavior, adeo ut meminerim bibisse in ingressu Scotias, quae mulso dulci adeo comparari posset nec in aliquo differret, nisi quod in fine amariorem gustum ac odorem insuavem retineret — Constat cervisia lupi salitarii additione, quae additio etiam naturam facit aliamque formam invehit, inebriat haec vinumque ita potissima sui in parte aemulatur quod hala non facit."

[xciv] III, 88.

[xcv] bei Thomas Wright, "A History of Caricature and Grotesque", London 1865, S. 151, Nr. 102.

[xcvi] Siehe ebenda, S. 139, Nr. 89-91.

[xcvii] „Medicina Salern., c. exeg. Arn. Villanov.", 1594, S. 226: „urinam provocat, quae proprietas claris maxime convenit cerevisiis, quibus plurimum incoctum est lupuli, qualis est Embecensis, ea namque ob lupuli copiam celerrime penetrat et urinam provocat."

[xcviii] Canonherius, „De admirandis vini virtut.", Kap. 1:
„Cerevisia pinguiori sua Tenore sanguinem crassum minimmeque defecatum generat, diuturnam ebrietatem proc rat, renibus, nervis, cerebro plurimum incommodat, flatus, tormina provocat, pravos humores accumulat, dolores verticis et sopores cerebri gignit, caput conturbat; solus ejus aspectus lumen oculorum obnubilat, solaque odoratio cerebrum dernentat et totum corpus ejus, qui eam bibit, fremit et exhorrescit." Ähnliches sagt Menochius in: „De Praesumpt.", V, Kap. 152, n. 11: „Nos Itali cerevisia non utimur quin eam capitali odio sic prosequimur, ut e nostris doliis et cellis vinariis gravi indicta poena proscripserimus. Denselben Grund nennt auch Lansius in: „Orat. I. Consult.", S. 81.

[xcix] Monteil, „Hist. des Français", Teil II, S. 49.

[c] Das „Livre de métiers" (ed. Depping, S. 29 ff.) enthält folgende zwei Artikel: „Nus cervoisiers ne puet ne ne doit faire cervoise, fors de yaue et de grain, c'est à savoir, d'orge, de mestuel et de dragée; et se il y mêloit autre chose pour efforcier, c'est à savoir, baye, piment et pois reisine, et quiconque y metroit aucune de ces choses, il l'amenderoit au roy de XX. sous de Paris, toutes les fois qu'il en seroit reprins, et si seroit touz li brasins qui seroit faiz de tex choses donez por dieu. — Nuz ne puet ne ne doit vendre cervoise ailleurs que en l'ostel ou en la brasse; quar cil qui sont regratier de cervoises vendre, ne les vendent pas si bones ne si loiaus come cil qui les font en leur hostieuz et les vendent aigres et tournées, quar ils ne les scavent pas mettre à point; et cil qui ne les font en leur hostiex, quand ils les envoient vendre en ij leus ou en iij par la vile de Paris, ils ne sont pas au vendre, ne leurs fames, ains les font vendre par leurs garçonnès petiz, en rues foraines, et si vont en tex leus et en tex tavernes li fol et li foles faire leurs péchiez."

[ci] Siehe: Le Grand d'Aussy, „Hist, de la vie privée des Français", Paris 1782, Teil II, S. 300-315.

[cii] „Antiq. Septentrional.", S. 750.

[ciii] Siehe: Stetten, „Handwerksgeschichte von Augsburg", Bd. II, S. 132.

[civ] Siehe: Jäger, „Schwäbisches Städtewesen", S. 617.

[cv] Siehe: O. Dietrich, „Beschreibung von Ulm", S. 162.

[cvi] Siehe: Jäger, a. a. O., S. 610.

[cvii] Siehe: Klotsch, „Bergbau“, S. 129.
[cviii] Abbildung des Inneren eines Brauhauses nach Jost Ammann bei Lacroix, „Moeurs etc. du Moyen-Age“, Paris 1871, S. 156 und in den Ausgaben des Olaus Magnus, L. XIII, Kap. 26 u. 28.
[cix] So singt von ihm der gekrönte Dichter Eoban Hesse Folgendes;
„Qui docuit crasso Cererem confundere succo,
Huic iratus erat Bacchus et ipsa Ceres,
Nam Pelusiaci qui laudat raunera Bacchi,
Illi nec cerebrum nec caput esse potest:
Renibus et nervis cerebroque bis noxius humor Saepe etiam leprae semina foeda jacit.“
[cx] „Quaest. medic.“ LXXXVII.
[cxi] Siehe: Haupt, „Zeitschrift für das deutsche Alterthum“, Bd. VI, S. 263 ff.
[cxii] Siehe: Hoffmann von Fallersleben, „Gesellschaftslieder“, S. 151 und 155.
[cxiii] Kell. Ausgabe, S. 313, 4.
[cxiv] S. 316, 14.
[cxv] Siehe: Mencken, „Script.“, Teil II, S. 563.
[cxvi] Siehe: „Kleine Chronik der Reichsstadt Nürnberg“, Nürnberg 1790, S. 63.
[cxvii] „Hist. gent. Septentr.“, B. XIII, Kap. 26 ff.
[cxviii] Köln 1508, Tr. 1, F. 4.
[cxix] Dasselbe soll Kardinal Madrutius über das Hannoveraner „Broyhan“ gesagt haben (siehe Baring, „Nachricht vom Broihan“, S. 15).
[cxx] Heutzutage heißt das Magdeburger Weißbier im Volksmund „Bu-Barsch“ (Puparsch), und die Hauptwirtschaft, wo es ausgeschenkt wird (an der dortigen Schuhbrücke): „Bu-Britze“ (Pupritze).
[cxxi] Siehe: „Avisation von dem bey der Kayserlichen Freyen Reichs-Stadt Goslar gebrauten Weizenbier oder so genannten Gose, desselben Eigenschaften und wie damit umzugehen“ (v. Plather), Goslar 1717 sowie: Brückmann, „Epist. Itiner.“, Nr.38.
[cxxii] Siehe: D. Eb. Baring, „Kurze historische und physicalische Nachricht von dem in Hannover zuerst erfundenen Getränk Broihan“, Hannover 1750, (Zusätze, ebd. 1751) (darin auch über die zu Wallensen gemachte Nachahmung. Desselben „Beschreibung der Sala im Amte Lauenstein“, ebd. 1744, S. 16-21 sowie: Knauth, „Saxonia Vetus et nova“, S. 262.
[cxxiii] Siehe: „Breslauer Erzähler 1800“, S. 471 sowie: „Breslauer Zeitung“, 1839, Nr. 133. Zwei lateinische Lobgedichte auf den Scheps von Matthias Wacker von Wackenfels und Joachim Rheticus stehen in: „Dornav. Amphitheatrum sap. univ.“, Hannover 1615, S. 727 ff.
[cxxiv] Schon der Dichter Ayrer unterscheidet rotes und auch weißes Bier („Fastnachtsspiele“, Keller. Ausgabe, S. 78b).
[cxxv] Lib. I., „Antid. German.“, Kap. 17.
[cxxvi] S. 141 der Zarnk. Ausgabe.
[cxxvii] Er fügt folgendes kuriose Rezept „de commixtione complexiomim“ bei: „R. piperis longi manipulum unum, uncias duas pillularum cochiarum, ungekochte Fledermeuß, rips

raps, Stubenrauch, Hymelblow II, Donner ex grillorum, ad huc semel, Senf, Merretich, Güty, usw. eodem schornsteinfegen diagredion, diatessaron, ein hinderviertel von der vichmeydt im großen spytal, misce simul et contere in mortario, repetatur mane et sero, media nocte et in omni tempore."

[cxxviii] Siehe: Gräße, „Sagenbuch des Preußischen Staats", Glogau 1870, Bd II, S. 526 und 529.

[cxxix] Siehe: Hennenberger, „Erklärung der preußischen größeren Landtafel oder Wappen", Königsberg 1595, S. 475 sowie: Gräße, „Preußisches Sagenbuch", Bd. II, Glogau 1870, S. 596.

[cxxx] Siehe: Meibom, „Prosopopoeia cerevisiae Gardelebensis" in: seinem „Commentarius de cerevisiis potibusque et ebriaminibus extra vinum aliis (...), Helmstedt 1688. Über das Stendaler Bier siehe: Weyhe, „Sagen der Stadt Stendal", Tangerm. 1840, Bd. II, S. 153. Über das Güstrower aber siehe: G. D., „Encomium de potu domini, Cerevisia Gustroviensi, Knisenack genannt".

[cxxxi] Siehe: G. Andreas Schmid, „Diss. de cerevisia" in: „Miscellan. Physic. fascic.", Nr. II. sowie: Fr. Er. Brückmann, „Poetische Beschreibung der Braunschweiger Mumme", Braunschweig 1723 und 1725 sowie Knauth, „Saxonia vet. et. Nova", S. 194.

[cxxxii] Luther trank gerne Bier, wie man aus einer Stelle seiner Tischgespräche (bei Lauterbach, „Tagebuch", herausgegeben von Seidemann, Dresden 1872, S. 2.) sieht: „Man schickt mir Wermut-Bier aus Frankreich, Preußen, Reußen in mein eigenes Haus". Dagegen sagte er ein anderes Mal (ebd., S. 185), „Der, welcher als Erster Bier gebraut hat, ist fuit pestis Germaniae. Es muss wohl teuer sein in unsere landen. Die Pferd essen den Großteil des Getreides seil. Avenam quae ubique seritur, danach saufen die Bauern und Bürger den Rest in Form von Bier aus!". – Ganz wie jene Ärzte, die das, was sie selbst tun, ihren Patienten verbieten.

[cxxxiii] Siehe: D. Ramelow, „Beschreibung der Sauerbrunnen zu Wildungen und Pyrmont von J. Ingebrand", Marburg 1682, S. 213 ff.

[cxxxiv] Siehe: „Schlesische Provinz Blätter" 1815, Bd. II, S. 623 sowie: Schoock, „De cerevisia", S. 292 ff. sowie: C. Ph. Limmer, „Diss. med. de cerevisia Servestana", Servestana 1693 und 1745; außerdem: „Nationalzeitung", 1857, Nr. 95, Beilage.

[cxxxv] J. Wolf, „De cerevisia Numburgensi", Jena 1684. Von diesem Bier sagt der Verfasser des Buchs „De gener. ebr.", Coroll. III, S. 144 auch: „oculos laedit".

[cxxxvi] Siehe: Grimm, „Deutsches Wörterbuch", Bd. II, S. 1.

[cxxxvii] Diese Schrift, welche in verschiedenen Einzelnausgaben existiert (siehe meinen „Trésor de livres rares", Teil II, S. 343) und auch der Ausgabe der „Epistolae Viror. obscuror.", Nürnberg 1757, Bd. II, S. 301 ff. beigegeben ist, wurde auch abgedruckt bei Fr. Zarnke, „Die deutschen Universitäten im Mittelalter", Leipzig 1857, S. 116 ff., und die Stelle über die Biere steht auf S. 144. — Siehe auch: J. Ph. Eysel, „Diss. de cerevisia Erfurtensi", Erfurt 1689 und 1727 sowie L. Fr. Jacobi, „de cerevisiae bonitae diss.", Erfurt 1704, S. 14.

[cxxxviii] Über die sächsischen Biere siehe: Iccander, „Sächsische Kernchronik", Bd. II, S. 1018.

[cxxxix] Nach Lauterbachs „Tagebuch", herausgegeben von Seidemann, S. 121.

[cxl] S. 140 der Zarnk. Ausgabe.

[cxli] Die nun folgenden will er allein zu Frankfurt an der Oder gehört haben, was aber kaum glaubhaft ist.

[cxlii] „Praedominatur cerevisia, crassus ille et humano corpori noxius humor, quem (ut credere par est) daemon aliquis malus excogitavit in homium perniciem, ut eo non secus ac veneno quodam pestifero pleraque clarissima ingenia extinguerentur" (S. 143).

[cxliii] Siehe: Fr. Ern. Brückmann, „Catalogus exhib. appellationes et denominationes omnium potus generum quae olim in usu fuerunt et adhuc sunt, per totum terrarum orbem", Helmstedt 1722.

[cxliv] Siehe: Brückmann, a. a. O., S. 63 ff. Wir haben von demselben Schriftsteller noch: „Relatio phys. med. de cerevisia, quae Duckstein dicitur.", Helmstedt 1722 sowie: „Beschreibung des fürtrefflichen Weizenbieres Duckstein genannt", Braunschweig 1723.

[cxlv] Siehe: Ambr. Stegmann, „Genaue Untersuchung des Keuterling".

[cxlvi] "Oeconomia ruralis", Mainz 1645, Band II, Kap. 4.

[cxlvii] Siehe: Müller in der „Zeitschrift für Deutsche Cultur-Geschichte", Bd. II, 1857, S. 626 ff.

[cxlviii] Siehe: die Beschreibung eines solchen bei Dautze, „Geschichte der Stadt Bremen", Bd. II, S. 288.

[cxlix] Herausgegeben von Scheller, S. 80.

[cl] Siehe: Neumann, „Geschichte von Görlitz", S. 225 ff.

[cli] „De cerevisia", S. 307-309.

[clii] „Lorke" oder „Lurke" heißt in Sachsen schlechter Kaffee.

[cliii] „Epist. Cent.", V, Nr. 24.

[cliv] Ein Lob des Harlemer Bieres ist eingeflochten in die Volkskomödie in westfriesischer Mundart, betitelt „Waatze Gribberts Brillost" aus dem Jahre 1712. Der alte Bauer Gribber sagt da: „O tousent botses! dat Harlemmer Bjercke dat smecket my so swiet, so swiet! men soe'r ien oor de eers omlickje. My tinckt, ney myn plomp en bot forstaan, jo motter Hunningh yn dwaan, 'tis oors onmuwgliek, 't is ommers so giel as waax" (bei Firmenich, „Völkerstimmen", Bd. III, S. 795).

[clv] „Zymotechnia", Halle 1697, S. 74.

[clvi] Siehe: Schoock, „De cerevisia", S. 261-281.

[clvii] Spottweise nannte man es auch: „Halbander", „Halbbier", „Klosterbier", „Langeweile", „Langfahn" „Schempe", „Trinke", „Hengst" und „Wuttu".

[clviii] Siehe: „Bibl. Lubec.", Bd. XII, S. 531. Siehe auch: „Nützliches Allerley" Bd. VI, S 107.

[clix] Dies ist offenbar ein Versehen des Dichters, er verwechselt die englische Stadt Hertford mit dem westfälischen Herford.

[clx] Aus dieser hat Hopff („Das Bier", zweite Auflage 1846, S. 87) sogar zwei Sorten gemacht: „Eckvörder Caccabulle" und „Eiblenförder Caradulie"!

[clxi]Ich weiß nicht, ob der Flecken Brockhausen bei der Abtei Corvey oder das Dorf Brockhausen bei Hamm gemeint ist.
[clxii] „Briefe“, II. Hundert, Brief 18.
[clxiii] Dies bezieht sich wahrscheinlich auf die bereits geschilderte Anekdote.
[clxiv] Hopff, „Das Bier“, S. 87, nennt das Cottbusser Gebräu: „Kreppet an der Wand“, wohl aus Verwechslung.
[clxv] Die beste wird in Döllnitz, einem Dorf bei Merseburg, gebraut.
[clxvi] Gleichwohl dichtete Chr. Weise einst:
„Leipziger Breyhahn schmeckt mir nimmer,
doch das Rastrum ist noch schlimmer“.
[clxvii] Wie dieses Bier in Leipzig und Umgegend das Rastrum verdrängte, lese man nach im „Angenehmen Zeitvertreib des Leipziger Brandvorwerks“, Suppl., Frankfurt & Leipzig 1746, S. 58 ff. Übrigens soll das Rastrum, welches doch eigentlich ein Dünnbier ist, um 1580 schon für 6 Pfennig pro Kanne ausgeschenkt worden sein, und der Wirt, welcher es anbot, soll ein gefülltes Glas an einem eisernen Rechen (= „rastrum“, daher wohl der Name) als Bierzeichen ausgehängt haben.
[clxviii] Das Torgauer und Freiberger Bier wurde in ganz Sachsen getrunken, obschon z. B. in Dresden viel gebraut worden zu sein scheint. Eine Brauordnung für Dresden erließ Kurfürst Moritz im Jahre 1543 (siehe: Hasche, „Chronik von Dresden“, Bd. 2, S. 234). Trotzdem: Die guten Dresdner scheinen immer auswärtiges Bier ihrem Stadtbier vorgezogen zu haben, denn 1468 beschloss der Rat, es solle niemand, wer es auch sei, Freiberger Bier in sein Haus führen bei Strafe von 8 Schilling für jedes Fass (siehe: Hasche, Bd. 2, S. 48). Er übte auch Bierzwang in der Lößnitz aus, was der Bischof Dietrich von Meißen ihm aber um 1470 verbot. Gleichwohl ließ der Stadtrat noch im Jahre 1552 auf den Dörfern bei Dresden das auswärtige Bier beschlagnahmen (siehe: ebd, S. 256). Die Kurfürsten selbst aber tranken lieber fremdes. Im ganzen 16. Jahrhundert schickten sie jedes Jahr sechs Fuder Landwein an den Herzog zu Braunschweig und bekamen dafür als Gegengabe sechs Fuder Einbecker Bier (siehe: ebd., Bd. 3, S. 641). 1672 verbot zwar Kurfürst Johann Georg II. auch die Einfuhr fremden Bieres, aber Torgauer und Freiberger nahm er davon aus (siehe: ebd., S. 246). Zuletzt verbot noch im Jahre 1696 August der Starke den Dörfern bei Dresden bis auf einer Meile Entfernung das Bierschroten (siehe: ebd., S. 305). Sonderbarerweise hat sich eine eigentliche Brauerinnung aber in Dresden erst 1795 zusammengetan. Vorher gab es keine, denn die Dresdener Brauer gehörten dem Böhmischen Brauerinnungsverband an, der einen sehr großen Umfang gehabt haben muß.
[clxix] Ein Rezept dafür findet man schon im „Theatrum chymicum“, Teil 1, S. 1234.
[clxx] Siehe: Fassmanns „Leben Königs Friedrich Wilhelm von Preußen“, Teil. I, S. 392 sowie Flügel, „Geschichte des Hofnarren“, S. 218.
[clxxi] Meichelbeck, „Hist. Frising“, Teil 1, No. 336.
[clxxii] Eine Maßeinheit, die regional sehr unterschiedlich ausfiel. (Anm. Frank-Daniel Schulten).

[clxxiii] Siehe: J. M. Mayer, „Münchener Stadtbuch“, München 1868, S. 604. Der Ursprung des Namens Salvatorbier in München soll folgender sein: Im Jahr 1627 berief Kurfürst Max I. von Bayern zur Seelsorge im Kloster in der Aue Franziskaner aus Frankreich, nachdem er die frühern Insassen hatte entfernen müssen. Dieselben gewöhnten sich bald an das landesübliche Getränk, und als ihnen Kurfürst Ferdinand selbst ein Bierhaus erbaut hatte, wurden sie in dessen Bereitung besser als die Einheimischen. Jeden 1. April, am Tag der Feier ihres Ordensfestes, verzapften sie ihr Gebräu und nannten es „heiliges Vateröl“, welches dann zu „Salvatoröl“, „Salvatorbier“ verballhornt wurde. Über den Ursprung des Namens „Bockbier“ siehe a. a. O., S. 81 und Schweller, „Bayerisches Wörterbuch“, Stuttgart & Tübingen 1827, Bd. I, S.151.

[clxxiv] In Süddeutschland führen dagegen alle stärkeren Biere den Namen „Bock“, der berühmteste davon ist der Hohenheimer.

[clxxv] Siehe: „Allgemeine Nürnberger Hopfenzeitung“ 1871, Festblatt vom 27.-29 Juli.

[clxxvi] Anschaulich in Münchner Volksmundart dargestellt ist das Treiben im Bockkeller in Firmenichs „Völkerstimmen“ Bd. 2, S. 704-708.

[clxxvii] Siehe: Hormayr, „Tasch. 1833“, S. 135.

[clxxviii] Man kann sich eine Vorstellung von dem Zuwachs der Bierproduktion dieser Brauerei durch folgenden Vergleich machen: Vom 1. April 1836 bis zum 1. April 1837 erzeugte diese Brauerei insgesamt nur 26.560 Eimer Bier. Vom 1. Januar 1866 bis zum 1. Januar 1867 dagegen: in Schwechat 480.670 Eimer, in Steinbruch 145.240 und in Micholup 55.080 Eimer, also insgesamt 680.990 Eimer, d. h. ungefähr den 17. Teil der gesamten Bierproduktion im Kaisertum Österreich und im Königreich Ungarn. Die Gesamtsteuerabgaben sämtlicher drei Brauereien betrugen 1.257.713 Gulden: nämlich an Biersteuer 836.985 Gulden und an Verzehrsteuer in Wien und Pesth zusammen 420.728 Gulden. Im Jahre 1869 erzeugte die Wiener Brauerei allein 650.460 Eimer, was also eine 24,5-fache Steigerung gegenüber 1837 ist. Ob übrigens die in der „Wiener Landwirtschaftlichen Zeitung“ (1869, Nr. 14) angekündigte Aktiengesellschaft zu Nancy für die Erzeugung des seit der 1867er Weltausstellung in Frankreich so beliebt gewordenen Wiener Bier tatsächlich ins Leben getreten ist, weiß ich nicht.

[clxxix] Ein altes Rezept für Ale giebt Cajus, „De ephemera Britann.“, S. 43 ff. und im Zosimus (ed. Gruner) S. 72-74. Ein anderes findet sich bei Strutt, „Manners of England“, Teil 3, S. 72.

[clxxx] Siehe: Nemnich, „Neue Reise nach England“, Tübingen 1807, S. 51.

[clxxxi] Siehe dazu: Pereira, „Handbuch der Heilmittellehre“, von Buchheim, Band 2, S.130 und Hartmann, „Das Bierbuch“, S. 63.

[clxxxii] “The Beeriad or Progress of drink”, Gosport 1736 und 1738.

[clxxxiii] Siehe: “The Oxford Sausage or select poet. pieces written by the most celebr. wits of Oxford”, Oxford 1772, S. 55 ff.

[clxxxiv] Siehe: Reich, „Nahrungs- und Genussmittelkunde“, Göttingen 1861, Band II.1, S. 285.

clxxxv Während desselben Zeitraums betrug die gesamte Malzproduktion dieser Bierbrauereien (nach bayerischer Art) 125.566 Tonnen Gerste (die Tonne von 190 Pfund = 147 Pfund Malz). Da nun angeblich ein Pfund Malz 2 – 2 2/3 Flaschen Bier oder 2 Potter (= norwegische Maß) ergibt, so erzeugt eine Tonne Gerste bzw. 147 Pfund Malz ungefähr 300 - 333 Flaschen Bier. Die ganze Produktion betrug 36.469.800 Flaschen (à ¾ Maß oder 2 Seidel pro Flasche). Nachbier wird auch gebraut, und zwar so, dass eine Tonne Malz 300 Maß Bier nach bayerischer Art sowie 375 Maß Nachbier ergibt. Ausgeführt wurden im Jahre 1870 insgesamt aus Norwegen 960.476 Potter (Flaschen) Bier, nämlich nach Schweden 1688 (= 24 Eimer), nach Dänemark 1945 (= 28 Eimer), nach Island und den Färöerinseln 2520 (= 34,5 Eimer), nach Schleswig und Holstein 12.363 (= 176,5 Eimer), nach Hamburg (für den Export nach China) 486.947 (= 6943,5 Eimer), nach Holland 3562, nach Irland 186.607, nach Spanien 2318, nach Italien 150, nach Afrika 1350, nach Australien 4680, nach den La-Plata-Staaten 92.356, nach Brasilien 88.191 und nach Westindien 5380. Eingeführt dagegen wurden in Norwegen im Jahre 1870, (wahrscheinlich meist Porter und Ale): 32.894 Potter. Rechnet man nun, dass im Jahre 1870 die Bierproduktion ungefähr 36 Millionen Potter (oder 72 Millionen Flaschen) betrug und davon eine Million verschifft wurde, so sind die übrigen 35 Millionen im Land getrunken worden.

clxxxvi Das Rezept dazu lautet: Eine Tonne Malz wird auf gewöhnliche Weise zu 1 Eimer (norw. Anker) von 40 Potter grob gemahlen, also 3/4 Malz zu 1/4 Bierwürze, dazu kommen 3 Pfund englischer oder amerikanischer Hopfen. Wacholder wird mit Wasser aufgekocht und heiß über das Malz im Bottich gegossen. Nun werden 4 Eimer Bierwürze so abgezogen, dass 1 bis 1,5 Eimer durch 3 Pfund Hopfen im eigentlichen Braubottich durchgeseiht werden, ohne dass man sie jedoch kocht. Die übrigen 2 oder 2,5 Eimer werden mit demselben Hopfen anschließend gekocht und zusammen abgekühlt, dann in den Gär- oder Braubottich gegossen und mit Bierhefe gemischt. Diese wird zuerst in den Bottich getan, danach erst die ungekochte Bierwürze. Ist die Gärung vorüber (nach ca. 24, 36 oder 48 Stunden) wird das Bier abgezogen, darf aber dann nicht mehr als 3 oder 3,5 Eimer ausmachen. Natürlich hangt die Qualität des Bieres von der des Malzes und Hopfens und dem richtigen Kochen ab. Der hohe Alkoholgehalt dieses Bieres rührt wahrscheinlich daher, dass ¼ oder 1/3 der Bierwürze roh oder nur als Aufguss bereitet in Gärung kommt und wahrscheinlich bedeutenden Einfluss auf die anschließende Gärung bzw. die Umwandlung des Zuckers in Alkohol hat.

clxxxvii Siehe: Belon, L. II, obs. 98. S. 346, der es fälschlich mit dem von den Römern „posca“ genannten Getränk, einer Mischung aus Weinessig und Wasser, für identisch hält.

clxxxviii Siehe: Vansleb, “Relatione dello stato presente dell’ Egitto“, S. 237 sowie Schoock, S. 29 und Abdallatif, “Relation de l’Égypte, p. S. de Sacy“, Paris 1810, S. 572 und 324.

clxxxix Siehe: Sacy, a. a. O., S. 572 sowie: „Leipziger Intelligenzblatt“ 1783, S. 115.

cxc Siehe: Kalm in der „Abhandlung der Schwedischen Academie“, Band XIII, S. 197 sowie: „Augsburger Ord. Zeitung“, 1791, Nr. 246 sowie: Anburey, „Reisen im Innern von Nordamerika“, deutsch von Förster, Berlin 1792, S. 55.

cxci „De gent. Septent.“, XIII, Kap. 30.

[cxcii] Siehe: Gmelin, „Reisen nach Sibirien", Göttingen 1752, Bd. III, S. 155.
[cxciii] Ein genaues Rezept hierüber geben der „Reichsanzeiger" 1803, Nr. 144, S. 1896, sowie: Grüner in seiner Ausgabe des Zosimos, S. 58.
[cxciv] „Reisen in Africa, neu bearbeitet von Steger", Leipzig 1856, S. 57.
[cxcv] „Livingstone's Erforschungsreisen im Innern Africas", Leipzig 1868, Bd. I, S. 191.
[cxcvi] Siehe: Hopff, „Das Bier", S. 91 ff.
[cxcvii] "Anthol. Graeca", I, Kap. 39, S. 126. (Anth. Pal. IX, 503), in der Ausgabe von Jacobs, Bd. II,S. 136, Nr.9.
[cxcviii] Edinburgh 1795, Teil XV, S. 201.
[cxcix] Band 3, Kap. 190.
[cc] So bei: Abraham à Santa Clara, „Etwas für Alle", Würzburg 1711, Bd. I, S. 406.
[cci] In England bestand ein solches an den Bierschenken ausgestecktes Bierzeichen („alestake") gewöhnlich aus einem Büschel Efeublätter. Dieser heißt auch oft „maypole" (Maibaum), wahrscheinlich mit Bezug auf die in England so beliebten Maifeste (siehe: Halliwell, „Dictionary of archaic words", London 1850, Teil 1, S. 45. und: Wright, „Provinc. Dictionary", Teil 1, S. 49).
[ccii] Siehe: Wuttke, Nr. 97, 433, 455, 517, 539.
[cciii] Siehe: Wuttke, „Der deutsche Volksaberglauben", S. 129, Nr. 159.
[cciv] Siehe: Eisel, a. a. O., S. 299, Nr. 157.
[ccv] Siehe: Wuttke, S. 557, 717, 128.
[ccvi] Siehe: Dybeck, "Runa", Stockholm 1845, S. 3. (Berlin 1869).
[ccvii] Chemnitz 1759.
[ccviii] Siehe: Eisel, „Sagenbuch des Voigtlandes", Gera 1871, Nr. 698, Nr. 27, 758 ff., 264, 61, 118, 218, 459 ff.
[ccix] Siehe: Schöppner, „Sagenbuch der Baierischen Lande", München, 1852, Bd. 2, S. 106 und 550.
[ccx] Siehe: Du Chesnel, „Dictionn. des Superstitions", Paris 1856, S. 122.
[ccxi] Diese kommt noch im heutigen Griechenland vor. Siehe: B. Schmidt, „Das Volksleben der Neugriechen", Leipzig 1871, Bd. 1, S. 141.
[ccxii] Siehe: Mannhardt, a. a. 0., S. 414, Anm. 4.
[ccxiii] Siehe: A. Witschel, „Sagen aus Thüringen", Wien 1866, Nr. 117 sowie: Bechstein, a. a. O., Bd. II, S. 120.
[ccxiv] Ähnliches siehe bei: Grimm, „Deutsche Mythologie", S. 447 sowie: Müllenhoff, „Holsteinische Sagen", S. 346. 128 sowie: Kuhn u. Schwartz, „Norddeutsche Sagen", Leipzig 1848, Nr. 225. 2, S. 203.
[ccxv] Siehe: Bechstein, „Thüringischer Sagenschatz", Meiningen 1838, Bd. IV, S. 213.
[ccxvi] Als ich in Grimma zur Schule ging, fand ein junges Mädchen namens Herrmann, Vergnügen daran, sich abends eine Kuhhaut über den Kopf zu ziehen und die nach dem Seminarhaus, damals „Freihaus" genannt, Gehenden als Bieresel zu erschrecken und ihnen aufzuhocken. Aber einst geriet sie an den Falschen. Sie wurde festgehalten, entlarvt und furchtbar durchgeprügelt.

[ccxvii] Siehe: Gräße, „Sächsischer Sagenschatz“, Dresden 1855, Nr. 298.
[ccxviii] Siehe: Kuhn u. Schwartz, a. a. 0., S. 423, Nr. 221.
[ccxix] Wenn dort ein Kind recht laut lacht, sagt man: „Du lachst wie ein Bieresel!“.
[ccxx] Ähnliches tat die im „Museum des Wundervollen“, Bd. 2, S. 305 sowie Band 10, S. 313, beschriebene Biernette, ein Hund, der Biersäufer von Profession war.
[ccxxi] Siehe: Eisel , a. a. O., Nr. 318, S. 123 sowie: Mannhardt, „Germanische Mythen“, S. 411.
[ccxxii] Antwerpen 1658, S. 80.
[ccxxiii] Weimar 1841, Bd. 1, S. 117.
[ccxxiv] II. Sekt., Bd. XX, S. 488.
[ccxxv] So bei Grube, „Geogr.“, Bd. 3, S. 71.
[ccxxvi] Siehe: Gräße, „Preußisches Sagenbuch“, Bd. II, Nr. 549, S. 546.
[ccxxvii] Siehe: Reinsberg/Düringsfeld, „Das festliche Jahr“, Leipzig 1863, S. 156 und 161.
[ccxxviii] Siehe: Eckermann, „Religionsgeschichte des Alterthums“, Halle 1848, Bd. 4, S. 66 ff. sowie: Schwenk, „Mythologie der Slaven“, Frankfurt a. M. 1853, S. 113 ff.
[ccxxix] Siehe: “Archaeologia”, Teil XII, S. 11-17 sowie: Harrison, “Description of England”, S. 138 sowie: Shakespeare, “Works”, Teil II, S. 613
[ccxxx] Siehe: Brand, “Popular Antiquities”, London 1841, Teil I, S. 157.
[ccxxxi] Siehe: Brand, Teil I, S. 159 sowie: Nares, „Glossary“, Stralsund 1825, S. 137.
[ccxxxii] Siehe: Hone, “Every Day-Book”, London 1866, Teil II, S. 347.
[ccxxxiii] Siehe: A. Diuaux, “Les societées badines, bachiques etc.”, Paris 1867, Teil 2, S. 133.
[ccxxxiv] In den Jenaer „Bierstaaten“ der Orte Kahla, Winzerla, Wöllnitz und Ziegenhain hieß ein solcher z. B. „Ehrenfest Trunklieb von Knüllwitz“. Seine Nachfolger zählte man – genau wie bei den Fürstengeschlechtern – von Römisch I. bis in die Römisch LXX. und LXXX.
[ccxxxv] Im „Theatrum diabol.“, Bl. 286 b.
[ccxxxvi] Dieses Wort kommt angeblich von dem altfranzösischen Ausdruck „verchu“, = „unreifer Traubensaft“, womit besonders in Prag jenes schlechte Bier bezeichnet wurde, welches in den früheren Studentenzeiten die Pennäler (= crassen Füchse) trinken mussten. Jenes französische Wort ist aber apokryph und findet sich in keinem Wörterbuch. Es ist jedenfalls „verjus“, „saure Weintrauben“, gemeint. Die deutschen Wörterbücher erklären es gar nicht.
[ccxxxvii] Abgedruckt im „Burschicosen Wörterbuch“ von J. Vollmann, (Ragaz 1846, in 2 Teilen) Teil 1, S. 52-68.
[ccxxxviii] Angeblich ist dieser Brauch erst in den 40er Jahren des 19. Jahrhunderts aufgekommen, und zwar zu Bonn. Seine Benennung soll vom Spitznamen eines dortigen Universitätsrichters abgeleitet worden sein. Damit ist aber das Reiben (siehe unten) als Ehrenbezeugung nicht erklärt, denn welcher Student hätte wohl je eine derartige einem Universitätsrichter erweisen wollen. Die Erklärung von H. Schramm im „Dresdner Journal“ vom 19. und 20. April 1871, ist ebenfalls weit hergeholt. Deshalb bleibt nur Scheffels Erläuterung (Nr. 122) zu seinem „Ekkehard“, S. 95, wo es heißt: „Die Männer hatten ihre Krüge

ergriffen, sie rieben sie in einförmiger Weise dreimal auf dem geglätteten Fels, so daß ein heulendes Getön entstand, hoben sie dann gleichzeitig der Sonne entgegen, tranken aus, und in gleichem Takt setzte jeder den Krug nieder, es klang wie ein einziger Schlag. – Hierbei handelt es sich also noch um ein Überbleibsel des Trankopferzeremoniells der alten Deutschen." Aber erstens ist diese ganze Sitte überhaupt apokryph und wahrscheinlich erst vom studentischen „Salamanderreiben" abgeschaut, und welches Mitglied der Landsmannschaften ist jemals so in der Sittengeschichte seiner Vorfahren bewandert gewesen, dass er bei der Erfindung dieser Zeremonie daran gedacht hätte?

[ccxxxix] In den „Carmina Burana", herausgegeben von Schmeller, Stuttgart 1847, S. 248.

[ccxl] Bei Hoffmann von Fallersleben, „In dulci jubilo", S. 100-103. (Hannover 1854).

[ccxli] Dazu gehört auch das hier abgedruckte französische Bierlied aus dem 13. Jahrhundert.

[ccxlii] Siehe: Schade im „Weimarer Jahrbuch", Bd. 4, Hannover 1856, S. 299.

[ccxliii] Der Name „Fuchs" ist sehr alt (siehe Böttiger, „Deutsche Geschichte", Bd. 1, S. 91. sowie „Deutsche Vierteljahres Schrift", 1841. Heft 2, S. 206).

[ccxliv] In dem in der Originalausgabe enthaltenen Jenaer Bierlied aus dem Jahre 1667 *„Sa sa, sa, ihr deutschen Brüder etc."*, ist ebenfalls nur von Bier die Rede, ebenso in dem Altdorfer Studentenlied von 1700 (bei Keil, „Deutsche Studentenlieder", Lahr o.J., S. 139), ebenso in dem Jenaer Lied von 1770 *„Ermuntert Euch, Ihr Brüder"* (ebend., S. 147) usw.

[ccxlv] Daran dachte wohl Wohlbrück, der Dichter des Textbuchs zu Marschners *„Templer und die Jüdin"*, beim Schreiben des berühmten Klaußnerliedes *„Ora pro nobis"*.

[ccxlvi] ebend., S. 190.

[ccxlvii] H. 1, S. 88.

[ccxlviii] Merseburg 1685, S. 82.

[ccxlix] a. a. O., S. 127 ff.

[ccl] Zuerst in: „Dessauer Academisches Liederbuch", Dessau & Leipzig 1782, S. 111-120, sowie mit zahlreichen Abänderungen in: Hoffmann von Fallerslebens „Findlingen" (Bd. 1, S. 36-51.)

[ccli] Band XIII, S. 35.

[cclii] Kapitel 37.

[ccliii] S. 83b.

[ccliv] In seiner „Geschichtsklitterung" (abgedruckt bei Scheible, „Schaltjahr", Bd. 2, S. 611) führt er auch eine große Anzahl verschiedener Namen von Trinkgefäßen an.

[cclv] Bei Keller, „Fastnachtspiele", Stuttgart 1853, Bd. III, S. 1215, „Von allem Hausrath".

[cclvi] Die Hauptstücke sind abgebildet auf 22 Kupfertafeln in dem Werk: „Zeldzaamheden verzameld en uitgegeven door J. d'Huyvetter, in het Köper gesneden door Cl. Onghena", Gent 1829.

[cclvii] Sehr ähnlich ist ein alter deutscher Prosaspruch aus dem 17. Jahrhundert, bei Scheible, „Schaltjahr", Band 1, S. 46.

Michael Blumert & Dr. Jialiu Liu

Jiaogulan
Chinas „Pflanze der Unsterblichkeit"

„Wie Ginseng. – Nur viel, viel besser!"

In abgelegenen Regionen Chinas gibt es Gegenden, in denen die Bewohner außergewöhnlich alt werden. Dabei erfreuen sie sich stets bester Gesundheit. Krebs, Herz-Kreislaufprobleme und viele andere Krankheiten sind dort kaum bekannt. Man führt diesen Effekt darauf zurück, daß die Einheimischen täglich eine bestimmte dunkelgrüne Wildpflanze zu sich nehmen. Ihr Name lautet Jiaogulan.

Zahlreiche wissenschaftliche Forschungen bestätigen: Dieses unscheinbare Kraut besitzt außerordentliche vorbeugende, verjüngende und heilende Eigenschaften. Jiaogulan ist unter anderem besonders reich an Saponinen. Diese Substanzen sind auch die Hauptwirkstoffe des Ginsengs. Während im Ginseng jedoch lediglich 28 verschiedene Saponine nachgewiesen sind, verfügt Jiaogulan über die beeindruckende Menge von 82 dieser wertvollen Inhaltsstoffe! – Einige davon sind sogar völlig identisch mit denen des Ginsengs!

Dieses Buch beschreibt die Geschichte und Anwendung dieser kostbaren Pflanze. Besonderer Wert wird auf die ausführliche Darstellung wissenschaftlicher Studien gelegt. Sie beweisen nämlich eindeutig: Jiaogulan heilt zahlreiche Krankheiten und stärkt das Immunsystem. Er ist zugleich ein wunderbares Anti-Aging-Mittel. Er verlangsamt den Alterungsprozeß und hält den Körper gesund und fit bis ins hohe Alter. Darüber hinaus steigert Jiaogulan die physische Leistungsfähigkeit. Deswegen wird er bereits von vielen Sportlern verwendet, die ihre Fitness damit deutlich verbessern!

In einem speziellen Kapitel zeigt Heilpraktiker Weicker, wie man Jiaogulan mit Ling Zhi kombinieren und täglich einnehmen kann. So verstärken beide Pflanzen ihre Wirkung sogar gegenseitig!
ISBN: 978-3-932961-33-5.
Ca. 136 Seiten, Paperback mit Abbildungen.

Demnächst erscheint:

Frank-Daniel Schulten

Kräuterbiere und Heilbiere

Das Handbuch

Einst gab es Biere, die von Natur aus so heilkräftig waren, dass man sie als Medizin in den Apotheken verkaufte. Viele andere wurden außerdem gezielt so gebraut, dass sie neben dem reinen Genuss auch gegen zahlreiche Beschwerden halfen.

Diese jahrtausendealte Kunst ging im Laufe der Zeit jedoch immer weiter verloren. Reinheitsgebote und industrielle Herstellungsprozesse taten ihr Übriges, um diese ganz speziellen Getränke vom Markt und aus dem Bewusstsein zu verdrängen.

Kräuterbierpapst Frank-Daniel Schulten zeigt in seinem neuen Buch, wie man diese Heil- und Kräuterbiere mit einfachen Mitteln selbst brauen und als Arzneien nutzen kann. Er schöpft dabei aus einem reichen Fundus uralter Traditionen und Rezepte.

Die Alchemie der Braukunst ist ein Schlüssel zu außergewöhnlichen Geschmackserlebnissen und zur Heilung von Körper und Geist.

Edition Craftbeer-Classics, Band 2.
ISBN: 3-932961-02-1
Ca. 150 Seiten, Paperback mit Abbildungen.